Successful Employment & Strengthening of Ability

성공적인 취업과
자기역량 강화

머리말

대학졸업자의 취업난이 사회문제로 대두되면서, 최근 대학가에서도 합격한 입사서류나 면접답변을 분석하여 취업률을 높이려는 경향이 강해지고 있다. 그래서 학교 측에서는 취업에 성공한 이들의 서류를 가져와 예시로 설명하기도 하고, 학생들은 거기에 맞추어 취업전략을 세우기도 한다. 그러다 보니 학생들은 자신의 성향과 맞지 않는, 합격한 이의 성과물들을 맹신하다가 낭패를 보기도 한다. 왜냐하면 누군가의 합격한 예시가 본인의 것과 부조화가 발생할 수 있다는 점을 간과했기 때문이다. 합격자들이 쌓은 노하우와 스킬들을 자기화하여 취업전선에 잘 활용하는 연습이 필요하다.

세상에는 수많은 사람들이 있고, 또한 수많은 직업도 있다. 그런 사회 속에서 우리들은 각자의 개성에 맞추어 세상과 대결하며 살아간다. 그러니 아무리 좋은 직업이 있다 하더라도 그것이 나와 맞지 않으면 굳이 선택할 필요는 없는 것이다. 다른 사람과 나는 틀림없이 다르기 때문이다. 내가 틀린 것이 아니니 걱정할 필요는 없다. 세상 어디에도 모든 기업에 합격할 만한 자기소개서, 모든 면접관이 만족할 만한 면접답변은 없다. 한마디로 취업 준비에 정답이 없다는 것이다. 그렇다고 넋 놓고 멍하니 사과나무 밑에 앉아서 사과가 떨어지기만을 기다릴 것인가.

취업 준비에 정답은 없지만 기본 원리를 파악해서 '오답'을 피하고 '정답'으로 가는 길을 안내하기 위해 이 책을 썼다. 2014년 <성공적인 취업과 자기역량강화> 초판을 시작으로 수정, 보완하여 2023년 5판까지 집필하게 되었다. 코로나19 팬데믹 이후 달라진 취업동향과 비대면면접도 추가하였다. 최근에는 면접의 중요성이 높아지는 추세다. 그렇다고 해서 입사서류를 소홀히 할 수는 없다. 서류전형을 통과해야 면접에서 실력발휘를 할 수 있게 되기 때문이다. 요즘은 면접을 통해 전문 지식과 프로젝트 수행 능력을 많이 보고 있어서 기본에 충실해야 한다. 과연 이 '기본'은 무엇인가? 합격한 면접답변을 따라하는 게 아니라, 질문의 의도를 파악하여 면접관이 듣고 싶어 하는 대답을 하는 것이다. 자신이 말하고 싶은 것과 면접관이 듣고 싶은 내용이 일치할 때 바로 '정답'이 완성되는 것이다.

이 책은 <1부 취업이해와 전략>, <2부 실전 취업전략>, <3부 실전 모의면접>, <4부 조직에서의 경력개발 및 관리> 등 총 4부로 구성되어 있다.

<1부 취업이해와 전략>에서는 채용전망과 직업정보 탐색을 살펴, 일과 직업의 세계에 한 발 더 접근하게 하는 내용을 담았다. 또한 취업의 렌즈를 통해 자신을 객관화하여 자신만의 강점을 찾아보게끔 안내했다. <2부 실전 취업전략>에서는 기업이 원하는 인재상을 분석하여 그에 맞는 이

력서와 자기소개서를 작성하는 방법을 소개했다. 또한 다양한 면접상황에서 질문에 어떤 식으로 대응을 해야 하는지에 대한 방법을 익히도록 안내했다.

<3부 실전 모의면접>에서는 정확한 발음과 발성을 익혀 면접 상황에서 전달력을 높이고, 질문을 파악하여 짧은 시간 안에 원하는 내용을 담아내는 연습을 소개했다. 더불어 프레젠테이션 면접의 비중이 높아지고 있어서 발표상황에서의 대화법도 따로 다루었다. <4부 조직에서의 경력개발 및 관리>에서는 취업 후 자신을 관리하는 방법을 제시했다. 입사 후에도 회사 내에서 인정받기 위해서는 각종 비즈니스 매너, 의사소통능력, 긍정대화법을 익혀야 하는데, 여기에 도움이 되는 평생교육의 내용을 담았다.

취업과 관련된 책에서 비즈니스 매너와 대화법을 권하여 익히게 하는 이유는 면접관들이 최종 면접에서 인간적으로 잘 다듬어진 사람, 이미 만들어진 사람을 구분하여 선택하기 때문이다. 회사는 업무도 능숙하고, 대인관계도 잘 하는 사람을 찾는다. '일단 입사하고 보자'는 마음가짐보다 이 회사에서 신뢰 받는 직원으로 보이도록 말 한마디, 행동 하나에도 신경 써야 한다.

이 책은 취업을 준비하는 대학생들, 취업교육을 담당하는 선생님들을 위한 기초 지침서다. 그래서 채용전망, 입사서류, 면접스피치 등 하나의 특정 분야에만 치우쳐 내용을 구성한 것이 아니라, 세부 내용도 골고루 담기도록 신경을 써서 적절하게 안배했다.

이 책이 빠르게 변화하는 취업시장에 능동적으로 대처하고자 하는 대학생들의 요구와, 실질적인 직무수행 능력을 갖춘 전문인을 원하는 사회의 요구에 부응했으면 한다. 그러나 명심할 것이 있다. <논어>에 보면 공자는 낚싯대를 던져 물고기를 잡았지만 그물을 던져서 잡지는 않았다고 한다. 또한 날아가는 새를 활로 쏘아 잡은 적이 있지만 둥지에서 쉬고 있는 새를 잡은 적도 없다고 한다. 이 말은 곧 본인이 원하는 무언가를 이루기 위해서는 거기에 공을 들여야 한다는 것이다. 따라서 취업을 하기 위해서는 원하는 목표를 바로 세우고 거기에 공을 들여야 한다. 그래야 취업을 했을 때 감동도 함께 온다. 취업도 공자가 물고기를 잡고 새를 잡는 것과 별반 다르지 않다고 생각한다.

마지막으로 이 책을 읽는 취업 준비생들이 취업 준비를 앞당겨 좋은 성과를 낼 수 있기를 기원한다.

김 보 경

차례

Chapter 03 취업의 렌즈로 자신을 바라보기_42

차례

Chapter 06 면접 유형별 전략 및 이미지메이킹_102

contents

차례

Chapter 09 프레젠테이션 면접 스킬_156

차례

PART 4 조직에서의 경력개발 및 관리

Chapter 10 신뢰감 주는 직장인의 매너_176

Chapter 11 의사소통능력 향상시키기_198

PART
1

취업이해와 전략

성공적인 취업과
자기역량 강화

Successfull
Employment &
Strengthening of
Ability

Chapter
01

일과 직업의 세계

직업의 세계

① 조직사회에서의 마음가짐

    고등학생과 대학생의 가장 큰 차이는 자신이 직접 시간을 활용해야 한다는 것이다. 대학생은 강의시간표를 직접 설계하고, 동아리도 자기 의사대로 선택할 수 있다는 점에서 자유롭지만 그에 따른 책임을 스스로 져야 하는 부담감이 동반되기도 한다. 그러나 학생의 신분일 때는 대학교라는 울타리가 있기 때문에 그 안에서 보호를 받게 된다. 대학교의 목적은 사회에 적합한 인재를 양성하는 것이겠지만, 회사의 목적은 조직에서 업무를 원활히 수행하면서도 충성심이 강한 인재를 채용하여 양성하는 것이다. 그래서 직업인은 대학생 때보다 몇 배 이상의 책임감과 적극성을 가지고 업무에 임해야 한다.

    학교를 다닐 때는 등록금을 내고 교육을 받아야 하지만, 회사를 다닐 때는 보수를 받으며 일을 해야 한다. 학생이 수업을 듣고 학교의 편의시설을 이용하기 위해서 등록금을 납부해야 하는 것이라면, 직업인은 월급을 받는 것만큼의 성과를 내서 조직에 기여를 해야 한다. 이처럼 돈을 받는 입장과 주는 입장의 상황은 천양지차다.

따라서 직장인이 되면 우선 공과 사를 구분해야 한다. 가정에서의 일로 직장 내의 분위기까지 어수선하게 한다거나, 회사의 비품들을 자신의 것처럼 무분별하게 사용하거나, 사석에서 하는 농담이나 반말을 사무실에서 이어가는 것 등등은 옳지 못한 행동이다. 먼저 입사한 선배를 존경하고 그들에게서 무언가를 배우는 자세로 일을 한다면 회사생활에 빨리 적응할 수 있을 것이다.

다음으로 시간 관리를 철저히 해야 한다. 학교에서 지각을 하거나 결석을 하면 그것은 전적으로 개인의 책임이겠지만 회사에서는 연대책임이 될 수도 있다. 회사에서의 시간은 업무와 직결되기 때문에 다른 동료, 심지어는 회사에 막대한 피해를 입힐 수도 있다. 따라서 항상 여유를 갖고 출퇴근 시간, 회의 시간 등에 늦지 않도록 해야 한다.

② 일과 직업의 개념

'직업'이란 말은 '직'(職)과 '업'(業)의 합성어다. '직'은 관을 중심으로 행하는 직무라는 관직의 뜻이 있고, 직분을 맡아 행한다는 개인의 사회적 역할의 뜻도 있다. '업'은 생계를 유지하기 위하여 전념하는 일이라는 뜻과, 자기능력 발휘를 위하여 한 가지 일에 전념한다는 뜻이 있다. 따라서 '직업'이란 첫째 사회적 책무로서 개인이 맡아야 하는 직무, 둘째 생계유지나 과업을 위하여 수행하는 노동행위라는 의미를 갖는다.

외국의 경우 직업이라는 용어는 다양하게 쓰인다. 영국에서는 'occupation', 프랑스에서는 'profession', 독일에서는 'beruf'라는 표현을 쓴다. 'beruf'와 유사한 말로 영어 'vocation'이 있다. 'occupation'이 일정한 장소에서 하는 노동행위를 의미하기에 '직장'의 뜻이 강하다면, 'vocation'은 도덕의식이 함축된 천직의 뜻이 강하다. 'profession'이 전문기술과 이를 이룩하기 위한 훈련과 재능을 기반으로 한다면, 'business'는 금전을 획득하기 위한 사업적이고 영리행위적인 뜻이 내포된다. 따라서 직업이라는 용어의 '직'은 'beruf', 'vocation', 'profession'의 뜻이 강하고, '업'은 'occupation', 'business'의 뜻이 강하다. 요컨대 직업은 개인이 지속적으로 수행하는 경제 및 사회활동의 종류라고 할 수 있다.

(1) 일을 하는 목적

일은 정의가 다양하지만, 자신 또는 타인에게 유용한 재화나 용역을 제공하는 것을 목적으로 하는 개인의 의도적인 노력이나 활동을 말한다. 일은 생계를 위한 수입 혹은 방법과 수단을 제공하고, 일상생활을 규칙화하며, 개인의 가치를 확인해주고, 사회활동의 기회를 제공하며, 유익한 생활경험을 제공하여 자아실현을 할 수 있게 한다. 좀더 구체적으로 살펴보면 다음과 같다.

❶ 생계유지의 수단　일에 대한 대가로 보수가 지급되기에, 우리는 그 돈으로 생계를 유지할 수 있게 된다. 또한 자신과 가족의 건강을 유지할 수 있도록 일을 열심히 하여 건전한 경제생활을 만들어야 한다.

❷ 자아실현　사람은 욕망을 충족시키고, 꿈을 성취하고, 심신의 건강을 유지하기 위하여 일을 한다. 육체적인 욕구가 어느 정도 충족되면 정신적/문화적 욕구를 추구하게 된다. 이러한 욕망 충족을 자아실현이라고 한다.

❸ 가정, 사회, 국가에 봉사　일이란 본래 사회성을 기반으로 한다. 일은 이웃에 대한 봉사, 국가와 인류에 대한 공헌을 속성으로 하며, 궁극적으로는 나와 남을 돕는 행위라 하겠다. 이렇게 볼 때 일이란 것이 얼마나 신성하고, 성스럽고, 고상한지 쉽게 인식할 수가 있을 것이다.

(2) 일을 하는 자세

직업은 개인적 의미보다 사회전체나 조직에서 갖는 의미가 더 중요하다. 왜냐하면 사회구성원으로서 자신이 국가와 사회에 어떤 식으로 공헌하는가를 인식하는 것이 중요하기 때문이다. 이런 측면에서 선조들은 직업에 대한 소명의식을 강조해왔다. 또한 자기 직업에 긍지를 느끼며 그 일에 열성을 갖고 성실히 임하는 것이 바로 천직의식이라 했다. 자기가 갖고 있는 현재의 직업에 충실하고, 매력과 보람을 느낄 때 천직의식이 발동한다. 따라서 어떤 직업이든 간에 소명의식과 천직의식을 갖고 꾸준히 자기의 일을 해나간다면 미래에 발전적인 자기 모습을 기대할 수 있을 것이다.

사람은 자기 직업을 통해서 사회적 기능을 수행한다. 특히 어떤 일의 일부를 나누어 수행함으로써 참여하게 된다. 그러므로 개인이 일정한 직업을 갖고 활동한다면, 그것은 맡은바 직분을 다하는 것이라고 말할 수 있다. 또한 급변하는 사회에서는 자기 직무를 수행하는 과정에 있어 협동정신과 봉사정신이 요구된다. 상사와 동료 간의 협동정신, 고객을 상대로 한 서비스 정신은 직업인이 갖추어야 할 덕목이라 하겠다.

직업인은 그 직업에 대한 사회적 역할과 직무를 충실히 수행하고 책임을 다해야 한다. 책임을 효과적으로 완수하기 위해서는 직업의 중요성을 인식하고 일을 완벽하게 수행할 수 있는 전문직 지식을 갖추어야 한다.

③ 직업 가치관의 변화

가치관이란 여러 가지 인간 문제에 관하여 행동 방향의 선택에 영향을 주는 바람직한 것이다. 직업에서의 가치관은 자아개념의 구성요인이자 직업을 선택할 때 중요한 기준이 된다. 경제중심의 사고는 우리에게 물질적 풍요를 가져다 준 반면, 정신적 가치를 소홀히 하는 현상을 낳았다. 이로 인한 가정문제, 사회문제 등이 심각해지고 있다. 거의 매일 TV에서는 자신의 분노를 조절하지 못해 일어나는 사건 사고들이 잇따르고 있으며 날로 흉폭한 양상을 보이고 있다. 이러한 현상의 본질적인 문제를 해결하기 위해서는 물질적 가치에서 정신적 가치로의 패러다임 전환이 무엇보다 필요한 시점이다. 이러한 패러다임 전환을 통해 물질적 가치와 정신적 가치가 균형을 이룰 때 비로소 진정한 선진사회에 진입할 수 있다.

02 직업과 사회의 변화

현대사회의 조직은 세계화, 기술혁신 등으로 무한경쟁 체제에 돌입했다. 따라서 조직들이 환경에 대처하기 위해서는 근로자의 능력계발, 효과적인 신기술 적용, 새로운 조직구조 개발, 학습을 통한 개인혁신 등이 필요하다.

① 산업혁명의 이해

산업혁명은 18세기 영국에서 시작된 사회경제적 변화와 기술의 혁신으로 인한

1차 산업혁명을 시작으로 한다. 증기기관 동력을 이용해서 사람의 노동력을 대체한 공업화 과정이다. 이를 통해 좋은 물건을 더 저렴한 가격에 구입할 수 있었지만, 노동자들의 임금은 낮아졌다.

2차 산업혁명은 1860~1900년대 사이에 미국, 독일, 영국에서 시작되었다. 전기에너지를 기반으로 대량생산이 가능해졌고, 컨베이어벨트 시스템을 도입해서 과거 부유층만 누리던 자동차가 대중화되었다. 라디오, 축음기, 운송수단 개발이 함께 이루어졌다.

TIP

4차 산업혁명 관련 단어
ICT, AI, IoT, VR, AR, NFT, UAM

3차 산업혁명은 컴퓨터, 인터넷, 인공위성의 발명으로 일어난 지식정보 혁명이다. 20세기 중반 이전에 없던 정보 공유방식이 생기면서 정보통신기술이 본격적으로 발달하였다. 태블릿PC, 스마트폰, SNS 보급으로 사람들이 공간의 제약 없이 서로의 정보를 교환하게 되었다.

4차 산업혁명은 초연결과 초지능을 특징으로 하기때문에 1, 2, 3차 산업혁명보다 더 빠르게 우리 생활에 영향을 미치고 있다. 사물인터넷, 인공지능, 빅데이터, 핀테크, 가상현실, 증강현실 등으로 온라인 세상이 오프라인 세상의 모든 정보를 담을 수 있게 되었기 때문이다. 엄청난 양의 데이터를 학습하고 스스로 처리하는 인공지능은 인간의 여러 역할을 대체하고 있다. 주변에 있는 사물이 인터넷 네트워크로 연결되어 상호 간 정보를 전달하면서 많은 양의 데이터가 사물인터넷으로 오고 간다. 4차 산업혁명은 우리 생활을 편리하게 만들어주는 장점이 크지만, 무인계산대나 키오스크를 사용하는 곳이 많아져 단순노동자들의 일자리가 줄어드는 단점도 있다.

네 차례의 산업혁명이 일어난 시기를 보면, 다음 산업혁명이 일어나는 데까지 걸린 시간이 점점 짧아지는 것을 알 수 있다. 1차 산업혁명에서 2차 산업혁명까지 120년 정도, 3차 산업혁명에서 4차 산업혁명까지 40년 정도만 걸렸기 때문에 5차 산업혁명은 더 빨리 오게 될 것이다. 이에 대비하기 위해서는 평생교육이 무엇보다 중요하다. 학교에서 배운 것만으로 새로운 기술을 받아들이기는 어렵기 때문에 꾸준히 배우고 익히는 자세가 필요하다.

② 노동력 구성의 변화

1960년대 이후 진행된 한국경제의 산업화와 경제성장은 노동에 대한 수요를 지속적으로 증대시켜왔다. 1960년대에는 기술자와 기능인들이 우대를 받았고 도로교통 발달로 운전면허증을 가진 사람들이 높은 대우를 받았다.

1970년대는 수출업과 중화학공업으로 중심 산업이 옮겨 가면서 경제 성장률이 연 10%를 웃돌았다. 당시까지만 해도 대학만 졸업하면 취업할 수 있는 곳이 많았다. 1969년 우리나라 최초 민간항공기 대한항공이 출범하면서 승무원이 비행기의 꽃이라고 불리며 여성들의 인기직업이 되었다.

1980년대는 2차 산업이 노동집약적인 경공업 위주의 제조산업을 기반으로 이루어짐에 따라 고용기회가 그만큼 증가하였다. 1980년대 중반부터 우리나라 노동시장에는 이중의 경향이 나타나기 시작했다. 본격화된 중화학공업화와 자동차의 진전에 따라 노동의 과잉공급 상황이 초래되기 시작한 것, 그리고 일부 영세 제조산업 부문에서는 노동력 부족현상이 나타나기 시작한 것이 그렇다. 후자의 경향은 전반적인 소득수준 향상에 따라 저임금과 열악한 노동조건을 회피하려는 노동자들의 의식변화를 반영하고 있지만 거시적으로는 인구성장이 급격히 둔화됨에 따라 노동공급이 원활하게 이루어지기 힘들게 된 상황을 반영한 것이다. 이른바 3D업종으로 일컬어지는 섬유, 신발, 피혁, 금속가공업 등 전통적 제조업이 노동력 부족으로 인해 해외 이전을 시도하거나, 외국인 노동력을 고용하게 된다. 정보통신 분야가 새로운 직업군으로 등장하였고, 후반에 들어서는 우리나라가 일본, 미국에 이어 세계 3위 규모의 반도체 산업 주력 국가가 되었다. 대중매체 발전으로 연예인, 통역관, 운동선수 등이 인기직업으로 부상했다.

1990년대에는 초고속 정보통신의 발전으로 IT관련 산업 등 정보통신 관련 직업이 다양해졌지만, 1990년대 후반에 들어서는 경제위기로 안정적인 직업인 공무원, 교사가 다시 인기를 끌었다.

2000년대는 직장에 얽매이는 것보다 삶의 질을 추구하는 경향이 많아졌고, 유아관련 직업, 스포츠 마케팅, 생명공학연구원에 관심이 많아졌다. 2010년대는 스마트폰의 대중화로 소셜네트워크 서비스가 확대되었다. 빅데이터전문가, 인공지능전문가, 게임스토리텔러, 마켓 리서처, 신약개발자가 인기 있었다. 외식산업이 발전하고 음식 관련 TV프로그램이 늘어나면서 요리사에 대한 관심도 커졌다.

우리나라의 노동현장은 인구증가율의 둔화, 노동력 공급의 감소, 노동력 구조의 중장년화, 청년층 노동력의 감소 등으로 중대한 변화를 겪고 있다. 경제활동에 참여하는 연령대를 보면 노동력의 고령화가 진행되고 있음을 알 수 있다. 또한 외국인근로자 신분의 합법화, 불법체류자들의 관리문제, 높은 실업률 속에서도 인력 부족 현상을 낳은 양극화현상 등은 풀어야할 과제이다.

이러한 노동력 구조의 변화는 인력관리 방식과 임금구조의 변화를 유발시키고, 장기적으로는 고용불안을 야기한다. 이에 몇몇 전문가들은, 조직이 문화와 언어뿐만 아니라 민족적 인종적 편견에 대처해야 하며, 여성에게 능력을 발휘할 기회를 제공하고 직장 내 성차별에 대한 보호조치를 취해야 하며, 고령층 근로자에게 필요한 교육요구를 파악하여 새로운 능력개발프로그램을 강구해야 한다고 말한다.

③ 미래 직업 세계의 특성

생활수준이 향상되고 의료기술이 발달하면서 인간의 평균 수명은 꾸준히 증가하고 있다. 전체 인구 중 만65세 이상 인구가 차지하는 비율을 의미하며 7% 이상일 때 고령화사회(Aging Society), 14% 이상일 때 고령사회(Aged Society), 20% 이상일 때 초고령사회(post-aged society) 로 분류한다. 우리나라는 2017년에 노인인구 14% 이상으로 고령사회로 진입했고, 2025년 초고령사회에 이를 것으로 전망된다. 2045년에는 노인인구 비율이 35%에 이를 것으로 추정하고 있다. 우리나라 인구 고령화 속도는 세계에서 가장 빠른 상태이다.

반면 우리나라 2021년 출생 통계에 따르면 합계출산율은 0.81명으로 2015년(1.24명) 이후 매년 감소 중이다. 2020년 기준 OECD 회원국 평균은 1.59명으로 우리는 절반 수준에 그친다. 우리나라 총인구는 2020년 약 5100만 명에서 2060년 3500만명 수준으로 줄어들 것으로 예측하고 있다. 줄어든 인구는 노동력 감소로 이어지고 국가재정부담, 사회 붕괴로 연결된다.

이런 저출산과 고령화가 지속되면서 노인들 대상의 실버산업이 점차 성장하고 있다. 이에 따라 장기 요양 서비스, 사회복지, 건강식품, 보험, 자산운용 서비스와 같은 부분의 비중이 직업 부분에서도 증가하고 있다. 미래사회는 평생 현역으로 일하는 노인층 증가, 의료·진단·헬스 케어 산업, 여행과 레저 산업 발달, 소셜 네트워킹에 의한 지인관계 재설정 등의 변화가 따를 것이다.

코로나19 팬데믹으로 비대면과 비접촉이 확산되었다. 전자상거래와 재택근무가 활성화되고, 실시간 화상연결 방식으로 바뀌어 정보통신기술 관련 기업들에 대한 관심이 높다. 대면이 가능한 상황에서도 편리함과 실용성 때문에, 원격근무는 새로운 근무 형태로 자리 잡았다. 현실세계와 같은 여러 활동이 이루어지는 3차원 가상

세계를 뜻하는 메타버스도 신기술로 주목받고 있다. 가상현실보다 한 단계 더 진화한 개념으로 자신만의 캐릭터를 활용해 실제 현실처럼 사회, 문화 활동을 할 수 있다는 특징이 있다.

초등학생의 직업선호도 1위로 유튜버가 선정될 정도로 지금은 1인 미디어 전성시대이다. 유튜브, 인스타그램, 블로그 등의 채널을 통해 이제는 누구나 촬영부터 편집까지 개인이 직접 콘텐츠를 생산할 수 있게 되었다. 이러한 크리에이터들을 관리하는 기획사인 MCN도 등장해서, 당분간 이런 콘텐츠 제작과 관련된 직종의 인기는 이어질 것이다.

더불어 K-pop과 같은 대중문화, MICE산업 등 문화적 가치가 중요해지고 있다. MICE산업은 Meeting(기업회의), Incentive Tour(포상 관광), Convention(국제회의), Exhibition(전시)을 유치해 서비스를 제공하는 과정과 관련 시설을 통칭하는 용어이다. 일반관광산업은 B2C로 보지만 MICE산업은 B2B로 볼 수 있어서 부가가치가 더 높고, 숙박·식음료·교통·통신·관광 등의 다양한 산업이 연관된다. 개최할 때 정부와 지역사회의 적극적인 참여가 필요하고, 관광비수기의 타개책으로 활용이 가능하다는 특징이 있다.

인생 100세 시대에는 대학을 졸업한 것만으로 평생 일을 하기에 어려움이 있다. 따라서 직무와 관련된 정규 교육을 이수해야 하고, 최신 지식을 습득해야 한다.

 경력개발 관리

대학생의 경력개발 관리

취업을 준비하는 지원자는 학점과 어학 성적만으로 지원하는 것이 아니라 해당 직무에 얼마나 적합한 지를 증명해야 한다. 지원하는 직무에 대한 이해도를 높여야 하는데, 직무는 직책이나 직업상 담당자에게 맡겨진 임무로, 책임지고 담당해서 맡고 있는 업무이다. 같은 사무실에서 일하는 경영지원팀도 회계·구매·교육·홍보·총무 등 각각의 직무로 다른 업무를 하고 있다.

대학생들이 직업을 갖기 전에 학교에서 배우고 경험하는 것들이 취업을 위한 대학생의 경력이 될 수 있는데, 해당 직무에 맞는 인턴, 공모전, 프로젝트, 봉사활동, 자격증, 아르바이트 등을 입사서류에 작성하면 해당기업 직무에 적합함을 어필할 수 있다.

기업은 현장에 바로 투입할 수 있는 경력 같은 신입을 원한다. 학점만으로는 지원자 검증이 어려워 회사입장에서 심층검증하는 방법이 인턴십이다. 지원자 역시 해당 직무에 맞는 실무경험을 쌓고 적성에 맞는 지 확인해볼 수 있다. 재학생을 대상으로 방학 기간이나 학기 중에 2~3개월 정도 체험하는 인턴, 졸업예정자를 대상으로 하는 채용연계형 인턴 등이 있다.

아르바이트는 학생 신분으로 가장 쉽게 할 수 있고, 일과 관련해서 경험을 쌓는 경력이 된다. 롯데백화점에 입사하고 싶다면 세븐일레븐 편의점에서, SPC그룹에 입사하고 싶다면 파리바게트에서 아르바이트를 하면 회사와의 연관성도 생긴다. 승무원이 되고 싶다면 키즈카페에서 일하며 서비스마인드를 키우게 되었다고 연결하면 된다.

기업이미지 제고와 우수인재 확보를 위해 기업들은 다양한 공모전을 개최한다. 공모전은 특정한 주제의 제안이나 기획을 심사해서 상금이나 상품을 제공하는 콘테스트로, 기업공모전에 입상하게 되면 가산점을 주기도 한다. 디자인·영상·사진·기획·아이디어·네이밍 등의 공모전이 있고, 정부기관 주최 공모전도 있는데, 관련정보를 모아둔 사이트는 씽굿, 위비티, 대티즌, 씽유 등이 있다. 이 사이트에는 봉사활동, 서포터즈 활동도 확인가능하다.

최근에는 기업들도 소통을 하기 위해 SNS를 통해 기업의 이야기를 전달하고, 나아가 서포터즈 모집이나 취업공고를 한다. 성격상 개인적인 내용을 공유하고 싶지 않아서 SNS를 하지 않는다고 해도, 취업을 대비하기 위해서는 SNS계정을 만들어 운영하는 법은 익혀야 한다. 모두가 인스타그램, 네이버, 유튜브를 통해 자기를 홍보하고 있고, 세상의 흐름에 맞추어 함께 하는 것도 하나의 능력이다. 기업은 대외활동이나 인턴 선발을 할 때 지원자의 SNS 계정을 요구하며, 블로그는 방문자수, 인스타그램은 팔로워수, 유튜브는 구독자수를 적는 칸도 만들었다. 대학생으로서 가질 수 있는 다양한 경험을 SNS에 작성하다 보면 자신만의 포토폴리오를 구축할 수 있을 것이다.

② 기업에서 원하는 인재

기업은 소비자들이 원하고 필요로 하는 재화와 용역을 생산하고 사업을 지속시키기 위해 이익을 남기며, 그 이익으로 자신의 사업을 번창시키고 자본을 가진 새로운 투자자들을 끌어들이며 능력 있는 사람들을 채용하는 주체다. 기업의 본질적인 목적도 유능한 사람을 얻고, 이들을 잘 훈련시켜 적재적소에 배치하고, 그들에게 기업이 바라는 기대가 무엇인지를 이해시키며, 이들이 성공하도록 돕고, 자신의 업무를 책임지도록 하며, 직무수행을 통한 공헌에 대해 보상해주는 것이라 하겠다.

기업에서 지도자들은 직원들이 생산품의 질에 대해 관심이 없을 때, 소극적인 정신태도를 보일 때, 게으를 때, 몸치장과 위생상태가 불량할 때, 퇴근시간만 기다릴 때, 잡담해서 남을 괴롭힐 때, 남을 헐뜯을 때, 헛소문을 퍼트릴 때를 싫어한다고 말한다.

그렇다면 직원을 채용할 때 경영자가 주시하는 몇 가지 기본적인 것들을 살펴보자.

(1) 능력과 기술

직원채용에서 1차적인 필수요건은 직무수행에 필요한 능력과 기술이다. 경영인들은 피고용인들에게 자신이 부여받은 직무를 수행하는 데 필요한 기본적 기술을 구비했으면 하고 바란다. 또한 기업들도 직무수행에 필요한 기본적인 기술과 주어진 시간 내에 적절한 수준까지 직무를 숙달하는 능력을 직원이 갖추기를 바란다.

(2) 주도성

주도성이란 스스로 강한 동기를 갖고 타인의 계속적인 감독을 필요로 하지 않으며, 기대 이상으로 직무를 수행하는 사람, 즉 '솔선수범하는 사람'에 의해 연출되는 자질을 말한다. 기업은 도전적이고 기대 이상으로 직무를 수행하는, 즉 정상적인 직무수행 수준을 능가하는 사람을 찾는다. 또한 주도성은 회사 내에서 개인의 장기적인 승진 가능성을 높여주는 요인 중 하나인데, 그렇다고 해서 다른 직원들을 마구 짓밟으며 입신출세하라는 말은 아니다. 맡은 일을 하겠다는 의지를 갖고 타인과 효율적으로 일하며 자신에게 부여된 과업에 대하여 책임을 질 수 있다는 것은 협동, 동기화, 상호의존성이 자기에게 생성되었기 때문이라고 볼 수 있다.

(3) 회사에 대한 충성심

경영자들은 종업원들이 회사에 대해 충성하기를 기대한다. 그것이 회사 제복을 착용함으로써 표현되기도 한다. 제복을 입은 상태에서 그들의 행위, 말, 행동은 자기 회사에 대한 충성심을 드러내보인다. 그러나 어떤 경우에는 충성심이 회사의 보안문제와도 직결된다. 회사에 대해 많이 알고 있는 것처럼 하는 사람이 회사의 기밀, 안전, 보안 문제를 외부로 누설하게 되면 회사는 막대한 피해를 볼 수가 있기에 주의해야 한다. 따라서 조직 구성원의 한 사람으로서 타인과 함께 일을 할 때에는 반드시 협동적이고 자발적인 노력을 기울여야 한다. 조직에 대한 구성원의 충성심이 어느 정도냐에 따라 개인과 조직의 향방과 발전 모형은 달라질 수가 있다.

(4) 적절한 용모

복장과 용모의 개성화는 모든 사람들의 생활양식에 있어서 중요한 부분이 된다. 경영자들은 직원들이 회사의 이미지를 반영한다고 생각하기 때문에, 직원들이 현명한 판단을 하여 깔끔하고 단정한 용모를 하고 직무에 임해주기를 바란다. 경우에 따라서는 일의 형태에 따라 입어야 하는 복장의 형태가 결정되기도 한다. 이에 성공적인 대인관계나 직장생활을 위해 몇 가지 효과적인 복장지침을 제시하면 다음과 같다.

첫째 복장은 책임질 수 있는 수준의 좋은 취향과 자신이 일하고 있는 환경이 부합되는 적절성을 충족시킬 수 있어야 한다.

둘째 복장과 행동은 작업환경에 부합되어야 한다.

셋째 직장생활에 요구되는 복장은 작업장소와 하는 일에 적합하되 예절과 위생을 고려한 것이어야 한다.

넷째 적절한 복장이어야 한다. 타인에게 거부감이나 혐오감을 줘서는 안 된다.

(5) 태도

업무와 관련하여 인간이 갖는 정신적인 마음의 자세, 경향성, 그리고 태도 등은 대인관계 및 직무수행에 결정적인 영향요인이 된다. 조직구성원은 책임감과 전문적인 자질을 갖고 자신의 업무에 임해야 한다. 이러한 태도는 직무수행과 승진에도 기여한다. 또한 근면과 변화를 수용하려는 자세도 중요하다. 타인과 협동하고 타인을 존중하는 태도, 업무와 관련된 높은 수준의 성실성과 윤리의식, 공동이익에 기여하는 과업수행에 있어서의 온당한 융통성 등을 발휘할 수 있는 사람이어야 한다.

 초중고등학교 생활, 대학생활, 직장생활을 각각 비교해보자.

	초중고 생활	대학생활	직장생활
출퇴근 시간의 엄격성			
지정좌석의 유무			
시간활용의 자율성			
인간관계의 친밀성			
감독자의 규제수준			
재정적 이해관계			
주거지			

 1950년대부터 최근까지의 인기직종은 무엇이었을까? 신문이나 책에서 보았던 정보로 각 시대별 대표적인 사건들도 써보자.

시대	대표적인 사건	인기직종
1950년대		
1960년대		
1970년대		
1980년대		
1990년대		
2000년대		
2010년대		
2020년대		

우리나라 10대 기업이라고 생각하는 회사를 써보자.

 현재 사라진 직업과 사라질 직업은? 그리고 미래 인기 직업은 무엇이 있을까?

 내가 세상을 살면서 가장 중요하게 생각하는 것이 무엇인가?(예: 돈, 명예, 사랑, 봉사, 권위, 평등, 우정, 가족 등) 내 가치관에 부합하는 단어들을 5개 써보자. 그리고 선택된 그 단어들 중 1, 2, 3위로 정렬해보자.

🐚 내 가치관에 부합하는 단어 5가지

🐚 그 중 1, 2, 3위

🐚 그 이유는?

6 아래 자기분석표를 작성하면서 자신을 객관적으로 분석해보자.

자 기 분 석

학과:　　　　　　　이름:

대학 입학일		대학 졸업예정일	
전　공		취업 직무	
취업하고 싶은 시기			

학년	항목	경험 (기간, 주제)	배운 점	업무와의 연결점
1	직무 관련 수강 과목 / 조별학습			
	동아리 활동			
	여행, 취미, 봉사			
	학교 행사 참여			
	여름방학			
	겨울방학			
	기타: 프로젝트, 공모전/자격 증/어학 등			

학년	항목	경험 (기간, 주제)	배운 점	업무와의 연결점
2	직무 관련 수강 과목 / 조별학습			
	동아리 활동			
	여행, 취미, 봉사			
	학교 행사 참여			
	여름방학			
	겨울방학			
	기타: 프로젝트, 공모전/자격 증/어학 등			

Chapter
02

직업선택의 영향요인

1. 다양한 직업선택이론

2. 직업선택과 동기부여

3. 경력탐색과 직업선택

다양한 직업선택이론

연결과정으로서의 직업선택이론

초창기 직업선택이론에서 연구자들은 개인이 독특한 욕구, 동기, 가치 및 재능에 맞추어 직업을 선택한다고 주장했다. 이런 견해에서 본다면 개인은 자신의 능력, 욕구, 가치를 파악하고 적합한 경력목표를 세워 직업을 선택한다는 말이 된다.

홀랜드는 직업선택을 직업과 사람을 연결시키는 과정으로 본다. 그리하여 현실형, 탐구형, 사회형, 관습형, 진취형, 예술형으로 성격유형을 나누었다.

구분	개인 특성 및 관련 직업 내용
현실형	특성 : 수줍고, 성실하고, 물질적이고, 끈기가 있고, 안정적임. 직업 : 기계공학자, 드릴공, 항공기 수리공, 세탁업
탐구형	특성 : 분석적이고, 주의 깊고, 호기심이 많고, 독립적이고 내향적임. 직업 : 경제학자, 물리학자, 외과의사, 전기공학자
사회형	특성 : 협력적이고, 관대하고, 도움을 주고, 사교적이고, 이해심이 많음. 직업 : 교사, 카운슬러, 사회복지사, 성직자
관습형	특성 : 효율적이고, 순종적이고, 실용적이고, 차분하고, 성실함. 직업 : 사무직, 스태프, 공인회계사, 워드프로세서, 은행텔러
진취형	특성 : 모험심이 강하고, 야심이 있고, 활력이 넘치고, 자신감이 있음. 직업 : 구매담당자, 부동산 판매업, 시장분석가, 법률가, 인사담당자
예술형	특성 : 무질서하고, 감정적이고, 이상주의적이고, 상상력이 풍부하고, 충동적임. 직업 : 언론인, 광고인, 인테리어 장식가, 건축가

홀랜드의 주요 가정 가운데 하나는 '사람들이 자신의 기술과 능력을 발휘할 수

있고 자신의 태도와 가치를 표현할 수 있으며, 자신에게 맞는 역할을 발휘할 수 있는 환경을 찾는다'는 것이다. 또한 특정 직업에서의 안정성은 성격유형과 직업환경 간의 적합성에 달려 있다고 한다.

일반적으로 사람과 직업을 연결시킬 때는 '상호유사' 개념을 쓴다. 곧 개인을 그와 유사한 사람들이 있는 환경과 연결시키는 것이다. 그러나 일부 연구자들은 '상호보완'의 개념을 쓰기도 한다. 곧 개인의 장점은 주어진 업무환경의 문제점을 채울 수 있으며, 결과적으로 집단의 성과를 향상시킬 수 있다는 것이다. 슈퍼(D. E. Super)의 연구가 이를 뒷받침해준다. 슈퍼가 내세우는 것은 '자아개념'이다. 슈퍼는 직업선택 과정이 개인의 자아개념에 대한 적합한 역할을 할 수 있게 해주는 것이라고 믿었다. 개인은 직업을 선택하면서 자아개념을 충족시키게 된다.

② 발달과정으로서의 직업선택이론

직업선택은 시간이 지남에 따라 나타나는 발달과정으로 볼 수 있다. 특정 직업은 인생에서 중요했던 여러 결정들이 쌓여서 선택된 것이다. 재능이 나타나고 자신의 흥미와 가치를 구체화하기 위해서는 시간과 경험이 필요하다. 그렇기에 직업선택을 점진적이고 진화하는 과정으로 보는 것이 적합하다.

출생에서 14세-자아개념을 발달시킴

15~24세-학교활동을 통해 직업탐색을 시도

25~44세-적합한 분야를 발견하여 종사함

45~64세-정해진 직업에 정착하고 안정됨

65세 이후-정신/육체적 기능이 쇠퇴하며 은퇴함

슈퍼에 따르면 사람은 경력개발과 관련해서, 성장, 탐색, 확립, 유지, 쇠퇴의 5단계를 거친다고 한다. 직업선택을 하려는 욕구는 인생의 전체 시점에 걸쳐 일어날 수 있기에, 우리는 직업선택과 관련 있는 정보를 얻고 자신의 통찰력을 길러야 한다. 그에 따르면 사람들은 탐색행동을 통해 세계를 배운다. 먼저 아이들은 집과 학교 등에서 일을 하며 탐색을 한다. 청소년은 교육경험을 통해 자신을 배워나간다. 이때 자아개념은 보다 안정적이고 명확하여 현실적으로 잡힌다. 성인은 인생의 후반기로 갈수록 통찰력을 얻게 되고 자신이 성취한 바를 지속적으로 재평가하기도 한다.

슈퍼의 직업발달 개념에는 자신의 장단점에 대한 지속적인 통찰, 직업에 대한 인식증진, 적절한 계획, 경력관련 결정에서의 자신감 등이 포함된다. 이론을 통해 보자면 직업을 선택하는 것이 순차적이고 점진적인 형태로 일어나는 것처럼 보이지만 그것 또한 쉽지가 않다.

직업선택과 동기부여

① 동기부여

조직사회가 탄탄한 형태로 성장하려면 개인의 목표보다 공동의 목표 달성을 위해 노력하는 자세가 필요하다. 따라서 그룹의 조직원들은 공동의 목표를 효과적으로 실천하기 위해 원만한 인간관계를 유지하고자 힘써야 한다. 곧 조직이 발전적인 모형으로 나아가기 위해서는 충분한 의사소통, 원활한 팀워크, 조직의 결속력 등이 필요할 것인데, 이러한 각각의 요소들이 역동성을 가지면서 유기적인 기능을 하려면 모티베이션, 즉 동기부여가 절대적으로 필요하다고 하겠다. 여기서 요구되는 인간관계의 기본개념은 동기부여, 개인차이, 상호 이해, 인간 존엄성 등으로 집약할수 있다. 이 개념을 중심으로 해서 행동과학의 기초이론이 형성되고, 다양한 인간관계 양상이 연구되기도 한다.

인간의 욕구는 무한하다. 그 무한한 욕구의 상태가 다양한 행동을 유발시키고 인간을 행동하게 만든다. 따라서 인간은 욕구를 위해서 생존하며, 그 욕구가 조직과

SMART 목표 세우기
- SMART 목표 세우기
- Specific - 구체적인 목표 설정
- Measurable - 측정 가능한 목표를 설정
- Attainable - 달성 가능한 목표
- Realistic 현실적인 목표
- Timely - 정확한 기간 설정(상황에 따라 A는 Action-Oriented이나 Assignable로 설명하기도 한다)

연결되면 인간은 공동의 목표를 위해 행위를 하게 된다. 이때 모티베이션이 중요하다. 모티베이션이란 인간의 행동을 계발하고 그 계발된 행동을 유지하며, 더 나아가서 이를 일정한 방향으로 유도해기는 과정의 총칭이라고 할 수 있다. 곧 인간관계의 측면에서 보자면 목표달성을 위해 나아가는 동기나 행동의 유발상태를 조성하는 것이 모티베이션이다. 그러나 욕구충족에 강한 장벽이 생길 경우에는 좌절상태를 유발하여 목표지향적인 행동을 이끌어내지 못하는 경우도 생긴다. 이때 모티베이션을 통해서 긍정적인 행동을 이끌어내고 그것을 행동화할 수 있게 도와주는 것이 인간관계론적 접근방법이라 하겠다.

인간관계의 기본적인 문제는 원활한 목표달성을 위해서 개인의 욕구를 자극시켜 수준의 변화, 충족의 변화, 행동의 변화를 확립하는 것으로 집약할 수 있다. 다시 말해서 자기계발과 목표달성을 위해서 인간의 행동이나 태도를 현 단계보다 업그레이드 시키면 고차원적인 충족을 갈망하게 되고 그것을 행동으로 실천하게 된다. 곧 욕구상태를 행동화하는 것이 중요하다고 볼 수 있다. 이와 같이 인간관계 측면에서 행동은 욕구로부터 유발되기 때문에 모티베이션과 밀접한 관련이 있다.

② 인간욕구

인간은 욕구를 통해 행동화를 할 수가 있으며, 이를 통해 인간관계를 목표지향적으로 만들기도 한다. 이때 인간욕구는 첫째 기본적 욕구, 둘째 사회적 욕구, 셋째 자아욕구의 세 가지 형태로 분류되거나, 또는 생리적 욕구, 안전욕구, 소속과 애정욕구, 자존욕구, 자기실현 욕구의 다섯 가지 형태로 분류되기도 한다.

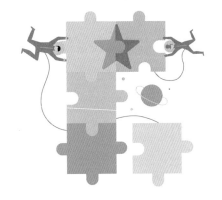

여기서 기본적 욕구란 인간의 생리적인 욕구와 자신을 안전하게 보호하려는 안전욕구를 말한다. 사회적 욕구란 타인과 유대관계를 맺고 싶어하는 인간의 욕구를 말한다. 자아욕구란 자존감과 자기실현의 욕구를 말하는 것이다. 이상의 욕구형태를 도식화하면 다음과 같다.

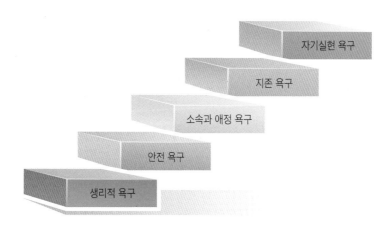

인간은 욕구충족을 위하여 행동하면서 인간관계를 맺는다. 따라서 인간의 욕구와 행동은 목표지향적이라 할 수 있다. 여기서 중요한 것은 욕구의 강약에 따라 욕구계층이 형성된다는 것이다. 일차적으로 요구되는 생리적 욕구와, 이것이 어느 정도 충족이 되면 안전욕구, 그 다음으로 애정욕구, 자존욕구, 자기실현 욕구 순으로 욕구의 상태가 변화하고 순환한다.

인간행동은 모티베이션 원리를 통해서 이루어진다. 인간행동의 모델을 가정해보면 다음과 같다.

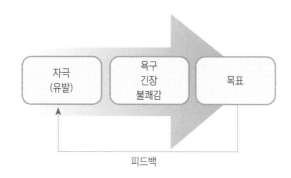

위의 도식에서처럼, 인간 행동은 내외적인 자극을 통해서 이루어진다. 자극은 인간의 욕구를 충동시킴으로써 긴장상태, 불쾌감 등을 해소하기 위한 행동을 하게 만든다. 이때 인간은 목표달성을 위해 자신의 행동을 전진시킨다. 또한 인간은 내외부의 자극 요인을 수용하면서 욕구를 만족시키고자 행동한다. 곧 자신의 욕구충족을 위하여 목표지향적으로 행동한다. 개인은 욕구충족의 증대를 가져오는 행동을 반복하려는 성향을 지닌다.

03 경력탐색과 직업선택

경력탐색을 위해서는 자기 탐색이 우선시되어야 한다. 자기탐색을 해야만 자신에 대해 올바로 성찰할 수 있으며, 이를 통해 자신이 좋아하고 싫어하는 활동을 좀더 깊이 이해할 수 있게 된다. 경력탐색을 통해 자신의 장단점, 재능에 관한 정보도 얻을 수 있다. 그리고 자기 가치관에 적합하도록 일, 가정, 여가활동을 균형 있게 조절해야 한다.

1. SWOT을 통한 직업분석

진로탐색은 자아분석, 환경분석을 통해 결정하게 된다. 자아분석은 자신의 흥미, 적성, 신체적 특징을 파악하는 것인데, 가장 기본적이면서 중요한 요소이다. 환경분석은 가족, 학교, 전공, 경제적인 면 등 자신을 둘러싸고 있는 여러 가지 요소를 말한다. 덧붙여 직업환경의 변화를 파악하면 자신의 적성과 능력에 맞는 직무를 찾기 쉽다. SWOT은 기업이 마케팅전략을 수립할 때 사용하는 기법으로 기업의 내부환경을 분석하여 강점과 약점을 발견하고 외부환경을 분석하여 기회와 위협을 찾아내는 것이다.

Strength강점	Weakness약점
• 높은 학점 4.2/4.5 • 사교적임 • SNS서포터즈 2개 하고 있을 만큼 시대에 발빠름	• 인턴 경력이 없음 • 몸이 약함 • 영어 회화 부족
Opportunities기회	Threats위협
• 자기소개서 비중이 커짐 • SNS서포터즈 활동에 가산점을 주는 회사가 많음	• 코로나 19로 인한 취업난 • 경력직 위주로 수시 접수가 많아짐 • 비전공자의 지원이 많음

이 분석을 자기자신과 연결시키면 취업전략을 수립할 수 있다. Strength강점, Weakness약점, Opportunities기회, Threats위협의 4가지 상황별, 요인별로 분석하여 강점은 다른 지원자와 비교하여 기업로부터 강점으로 인식되는 것이 무엇인지, 약점은 다른 지원자와 비교하여 기업으로부터 약점으로 인식되는 것이 무엇인지, 기회는 외부환경에서 유리한 기회요인은 무엇인지, 위협은 외부환경에서 불리한 위협요인은 무엇인지를 찾아내는 것이다.

이러한 분석을 통해

❶ SO　강점을 가지고 기회를 살리는 전략

❷ ST　강점을 가지고 위협을 최소화하는 전략

❸ WO　약점을 보완하여 기회를 살리는 전략

❹ WT　약점을 보완하면서 동시에 위협을 최소화하는 전략을 도출할 수 있다.

② 자기 효능감으로 직업 결정하기

자기 효능감(Making Self-Efficacy)은 업무를 할 때, 자신의 능력에 대한 믿음을 말한다. 직업 선택에서 자기 효능감은 성공적으로 일을 할 수 있는지를 가늠하는 자기 능력에 대한 신념이다. 자기 효능감이 높을수록 포부가 강하며, 자기 효능감이 낮을수록 자신감이 낮아서 진로결정에 애를 먹는 경우가 많다.

여러 경험을 통해서 자기 효능감을 높이는 연습이 필요하다. 각종 취업교육이나 직장체험프로그램에 참여하거나, 같은 분야의 선배나 멘토를 만나 대리 경험을 하는 것도 도움이 될 것이다.

③ 직업 선택에 영향을 미치는 가치관

한국고용정보원에서는 직업을 선택할 때 중요하게 생각하는 가치가 무엇인지 알아볼 수 있는 심리검사를 실시한다. 각자 자신이 중요하게 생각하는 가치를 충족시킬 수 있는 직업에 종사할 때 우리는 만족한다. 아래 표는 한국고용정보원에서 우리나라 성인들이 직업을 선택하는 데 있어 영향받는 가치관 13가지를 제시한 것이다.

하위 요인	하위요인 설명
1. 성취	자신이 스스로 목표를 세우고 이를 달성함
2. 봉사	남을 위해 일함
3. 개별 활동	여러 사람과 어울려 일하기보다는 혼자 일하는 것을 중시
4. 직업안정	직업에서 얼마나 오랫동안 안정적으로 종사할 수 있는지를 중시
5. 변화지향	업무가 고정되어 있지 않고 변화 가능함
6. 몸과 마음의 여유	마음과 신체적인 여유를 가질 수 있는 업무나 직업을 중시
7. 영향력 발휘	타인에 대해 영향력을 발휘하는 것을 중시
8. 지식추구	새로운 지식을 얻는 것을 중시
9. 애국	국가를 위해 도움이 되는 것을 중시
10 자율성	자율적으로 업무를 해나가는 것을 중시
11. 금전적 보상	금전적 보상을 중시
12. 인정	타인으로부터 인정받는 것을 중시
13. 실내활동	신체 활동을 덜 요구하는 업무나 직업을 중시

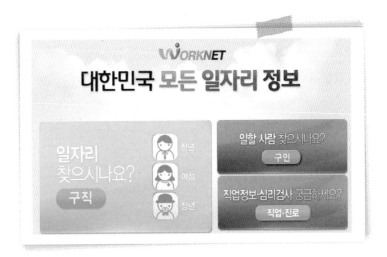

한국고용정보원 워크넷 www.work.go.kr

워크넷에서 실시할 수 있는 성인대상 심리검사의 종류

심리검사 명	검사시간
성인용 직업적성검사	90분
직업선호도검사 S형	25분
직업선호도검사 L형	60분
구직준비도검사	20분
창업적성검사	20분
직업전환검사	20분
직업가치관검사	20분
영업직무 기본역량검사	50분
IT직무 기본역량검사	95분
준고령자 직업선호도 검사	20분
대학생 진로준비검사	20분

SWOT기법으로 자기분석/학과분석/직업분석을 해보자.

Strength강점	Weakness약점
Opportunities기회	Threats위협

홀랜드(Holland)의 직업지향성에서 어떠한 부분이 높게 나왔는가?

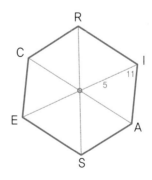

SMART 기법으로 추상적인 목표를 구체적으로 바꾸어보자.

S 구체적	
M 측정가능	
A 달성가능	
R 현실적/ 결과지향	
T 기간설정	

 워크넷에 로그인하여 성인용 직업가치관검사를 실시해보고, 아래 그래프에 자신의 표를 그대로 옮겨보자.

Chapter
03

취업의 렌즈로
자신을 바라보기

1. 직업선택과 심리검사의 활용

2. 행동유형 분석으로 자신을 객관화하기

01 직업선택과 심리검사의 활용

자기평가를 위해서는 자신에 대한 자료나 정보를 모으고 그 자료를 잘 정리해야 한다. 그래야 자기경력 결정을 긍정적인 방향으로 해석할 수가 있다. 자기 탐색에 도움이 되는 탐색기들은 정부에서 개발하였는데, 현재 160여개 고용안정센터와 한국산업인력공단 산하 지방사무소 등에서 검사서비스를 실시하고 있다.

① 국내 진단도구

(1) 성인용 직업적성검사

이 도구는 2002년에 완성되었으며, 구직자에 대한 직업지도서비스의 질적 향상을 위해 신규직업선택자, 실직자로서 직업을 재설정하고자 하는 사람 등을 위해 마련한 것이다. 교육기관에서 주로 이용하고 있으며 인터넷으로도 활용 가능하다. 주로 능력검사, 속도검사, 언어형태검사, 비언어형태검사 등이 가능하다.

(2) 직업선호도검사

이 도구는 1998년에 직업흥미, 일반성격, 생활사 등 세 가지 검사를 함께 할 수 있게 개발되었다. 홀랜드의 모형을 원용하여 당초에는 활동, 유능성, 직업, 선호분야, 일반성향, 여가생활, 성격형용사와 같은 7개 하위검사에서 현실형, 탐구형, 예술형, 사회형, 진취형, 관습형의 여섯 가지 흥미유형을 측정하였으나 2000년 개정 연구를 거쳐 하위검사를 5개 영역으로 축소하였다.

(3) 구직효율성검사, 직업전환검사, 창업진단검사

이 검사들은 2001년에 보급되었는데, 각각 유기적 관련성을 갖고 복합적으로 활용될 수도 있고 독립적으로도 활용될 수 있다. 구직효율성검사는 성인이 실직하는 경우 구직활동에 유용한 정보를 제공하기 위한 검사이다. 직업전환검사는 직업전환을 희망할 때 자신의 행동양식을 파악하여 잠재력을 최대한 발휘하고 최소한 1년 이상 유지할 수 있는 직업들을 제공함으로써 작업전환 시 탐색분야를 좁혀나가고 최종의사결정을 할 때 도움을 주고자 하는 검사도구로, 언어검사와 그림검사가 있다. 창업진단검사는 창업에의 소질여부와 성공가능한 최적의 창업업종을 추천해주는 것을 목적으로 한다.

(4) 구직욕구진단검사

이 검사는 구직욕구수준을 평가하여 직업상담에 활용하고자 개발된 간편형 자기보고식 직업심리검사다. 경제적 어려움, 구직활동의 적극성, 일자리 수용자세를 측정하여 전반적인 구직욕구수준과 각 하위요인에서의 특성을 파악할 수 있게 한다.

② 외국의 진단도구

(1) Strong 흥미검사(Strong Interest Inventory : SII)

이 검사는 317개의 문항으로 구성되어 있으며, 직업흥미 유형과 관련된 다양한 차원을 측정한다. 검사결과는 직업일반, 기본흥미 척도, 직업척도의 세 부분으로 구성되어 있다. 직업일반은 홀랜드의 여섯 가지 흥미지향성을 토대로 하고 있다. 기본흥미 척도는 흥미의 강도와 부합도를 측정한다. 직업척도는 자신의 흥미와 211개의 다른 직업에 종사하는 사람들의 흥미를 비교해서 보여준다.

(2) 직업선호도 검사(Vocational Preference Inventory : VPI)

직업선호도 검사는 홀랜드가 개발한 직업평가 도구인데, 특정분야에서 잘 적응하고 만족하는 사람은 공통적인 심리특성, 흥미 및 선호성을 갖고 있다는 가정을 토대로 한다는 점에서 스트롱 흥미검사와 유사하다.

(3) 일반적성검사(General Aptitude Test Battery : GATB)

이 검사는 미국 노동성이 고용서비스 상담과 배치를 위해서 개발한 것이다. 아홉 가지의 인지, 지각, 심리운동 능력을 측정하고 있다.

(4) MBTI(Myers-Briggs Type Indicator)

이 검사는 브리그스와 그의 딸인 마이어스 모녀가 개발한 것이다. 칼 구스타프 융의 연구를 토대로 한 MBTI는 8가지 서로 다른 성격 선호도를 구분하여 성격을 측정한다. 이 8가지 유형은 4개의 양극척도로 구분되는데, 4가지 성격 차원은 개인이 어떤 지향성을 갖고 어떻게 정보를 지각하며 어떻게 결정을 내리는지와 관련된 라이프스타일 선호도에 관한 것이다. 여기에는 외향성과 내향성(선호경향 척도), 감각형과 직관형(정보인식기능), 사고형과 감정형(판단기능), 판단형과 인식형(생활양식 선호도)이 있다.

(5) DISC 행동유형검사

이 검사는 인간의 행동이 비교적 오랜 시간에 걸쳐 반복적으로 학습된 것이기 때문에 일정한 경향성을 가지고 있음을 설명하는 행동유형검사이며, 1928년 마스톤에 의해 개발되었다. 인간의 행동이란 자신이 환경에 대해 가지고 있는 인식, 환경적 조건에 대해 느끼는 힘에 바탕을 둔 일련의 반응인데, 이를 기초로 네 가지 행동유형을 모형화 했다.

(6) 16PQ(The sixteen Personality Questionnaire)

이 검사는 1949년 커텔이 개발하였다. 따뜻함, 추리력, 정서 안정성, 지배성, 쾌활성, 규칙 준수성, 대담성, 민감성, 불신감, 추상성, 개인주의, 걱정, 변화 개방성, 독립심, 완벽주의, 긴장감의 16가지 성격특성을 측정한다. 이 16가지 요인은 외향성, 불안, 완고함, 독립심, 자기통제의 5가지 성격범주로 구분된다. 이 검사는 개인 경력개발 프로파일을 만드는 데 도움을 준다. 프로파일을 통해서 개인의 문제해결, 스트레스 상황 대처, 대인관계, 조직 내 역할 및 작업유형, 경력활동에 대한 흥미, 라이프스타일 등과 같은 것들을 알 수 있게 된다.

행동유형 분석으로 자신을 객관화하기

 행동 유형별 특징

　일반적으로 사람들은 출생에서부터 성장, 현재에 이르기까지 자기 나름대로의 독특한 동기요인에 의해 일정한 방식을 선택적으로 취하며 행동하게 된다. 그것은 하나의 경향성을 이루게 되어, 자신이 일하고 있거나 생활하고 있는 환경에서 아주 편안한 상태로 자연스럽게 익숙한 행동을 하게 된다. 우리는 그것을 행동패턴 (Behavior Pattern) 또는 행동 스타일(Behavior Style)이라고 한다.

　행동 스타일을 통해 현실 세계의 인간행동을 손쉽게 설명하고, 예측하고, 도움을 주는 유용한 모델이 바로 DISC 행동모델이다. 행동경향은 우리가 누구인지를 타인에게 보여주는 것이지만, 상황과 내용에 따라 바뀔 수 있다. 가령 우리는 집에서 취하는 행동을 학교에서 취하지 않을 수 있다. 하지만 특정한 상황에 따라 행동이 변화한다고 할지라도, 무의식적이든 의식적이든 간에 본인이 취하는 행동들은 자신에게서 비롯되기 때문에 결과적으로는 자신을 증명하는 것이 된다.

　미국 콜롬비아대학 심리학 교수인 마스톤은 1928년 *The Emotion of Normal People*이라는 저서에서 '인간은 서로 다른 차이를 가지고 있다'는 인간행동을 이론화하였다. 마스톤은 한 개인이 처한 환경에 대해 우호적으로 보는지, 적대적으로 보는지, 자신이 처한 환경에서 얼마나 많은 힘을 가지고 있는지의 인식여부를 기준으로 인간의 행동유형을 4가지로 나누었다. 이 4가지 유형은 주도형(Dominance), 사교형(Influence), 안정형(Steadiness), 신중형(Conscientiousness)이다.

　행동유형을 파악해야 하는 이유는, 이를 통해 자신의 행동경향을 이해하고, 이러한 행동경향이 다른 사람에게 어떻게 영향을 미치는지를 이해하기 위해서이다. 개인 간의 차이를 이해하고, 존중하며, 그 가치를 파악할 수 있다면, 다른 사람들과의 관계를 향상시킬 수 있을 것이다.

　간단하게 자신의 행동유형을 파악하기 위해서는 아래와 같이 나눌 수 있다.

D형 주도형	일 중심적	일 속도가 빠름
I형 사교형	사람 중심적	일 속도가 빠름
S형 안정형	사람 중심적	속도가 느림
C형 신중형	일 중심적	속도가 느림

(1) 주도형

주도형은 결과와 목표에 대한 기대치가 높은 욕구로, 과감성과 대담함, 적극성과 진취적 태도, 결단력 있는 행동 등이 나타난다. 이 형의 인간은 높은 이상과 목표를 가지고 있고, 권위가 실제적인 가치를 가지고 있는 것으로 받아들여지기를 원한다. 또한 자기 자신이 깨닫지 못하는 사이에 다른 사람들

의 감정을 상하게 하고, 목표 달성을 위하여 다른 사람들을 괴롭히거나 무시할 수도 있다.

기본적으로 자기중심적 자기본위로 자기 일만 하려는 이기적인 성향이 강하므로, 다른 사람이 자기에게 아첨하는 것을 좋아한다. 자기 권위를 넘어서려 하거나, 일이나 사람들이 그들의 기준에 맞지 않을 때는 심하게 비난하고 잘못한 일을 꾸짖기도 하고, 항상 불만족한 것 같고 참지 못하는 것처럼 행동한다. 그렇지만 목표를 달성하기 위해 필요한 일을 세부적으로 할 수 있고, 일들을 반복적으로 하지 않지만 계속적으로 해나갈 수 있다.

이처럼 주도형들은 다른 사람들이 자기 자신을 높게 평가해주기를 바라지만, 적대적인 상황에서는 적극적인 행동을 보여주는 추진력을 가지고 있다.

(2) 사교형

사교형은 다른 사람을 설득하거나 그들에게 영향을 끼침으로써 스스로 환경을 조성한다. 권세를 행하면서 다른 사람들에게 일을 하도록 하고, 사교성이 풍부하여 교제를 좋아하고, 설득력이 있다. 사람들과 접촉하는 것을 좋아하며 호의적인 인상, 말솜씨

로 사람들을 즐겁게 하여 동기유발을 시킨다. 그룹 활동을 좋아하며 열정적인 면도 가지고 있으며, 사람과 상황에 대해 낙관적이다. 사실을 표면적으로만 분석하고 파악하기 때문에 성급하게 결론을 지으려 하고 감정적인 자극에 따라 행동하기도 한다. 사교형들은 우호적인 사교적 분위기를 방해하는 것에 두려움을 느끼기 때문에, 부하직원을 다루는 분야에서는 맞지 않다. 이 유형은 우호적이거나 친절한 상황에서 적극적인 태도를 나타낸다.

(3) 안정형

안정형인 사람들은 항상 온화하고 편하게 지내는 스타일이며, 감정을 드러내지 않고 불편한 문제를 쉽게 일으키지 않기 때문에 불평이나 불만을 내색하지 않거나 원한을 감추는 경향이 있다. 과업을 수행하기 위해서 다른 사람과 협력하고, 일관성 있게 일을 수행한다. 인내와 심사숙고, 신중함이 이들 행동의 특성이라서, 최적의 상태에 작업형태가 결정되면 표면상으로는 끊임없이 참을성을 보이면서 그것에 따르려고 한다.

변화를 원하지 않기 때문에 현상 유지를 원하며, 깊은 가족유대 관계에 강한 면모를 보이기 때문에, 상당 기간 동안 가족과 떨어지게 되면 불안정한 감정을 갖게 된다. 남의 말을 잘 듣고 충성심이 강하기 때문에, 전문적인 기술을 개발하고 다른 사람을 돕는 데 최선을 다한다. 참을성이 뛰어나서 흥분한 사람을 진정시킬 수 있는 장점을 갖추었기 때문에, 대체적으로 안정되고 조화로운 업무 환경을 만드는 데 일조를 한다.

(4) 신중형

신중형은 업무의 품질과 정확성을 높이기 위해 기존의 환경 안에서 신중하게 일한다. 민감하고 올바른 인식을 하려고 하기 때문에 다른 사람들로부터 쉽게 상처를 받기도 한다. 주의심이 깊고 보수적이므로 그들은 이용가능한 모든 정보를 다 확인할 때까지 의사결정을 하지 않아, 주위사람들의 원성을 사기도 한다. 중요한 지시나 기준에 관심을 두고 분석적으로 사고하고, 찬반, 장단점 등을 고려한다. 안정되고 질서 있는 생활을 하려고 노력하며, 사업에서뿐만 아니라 개인적인 생활에서도 절차에 따르기를 좋아한다.

또한 이들은 체계적으로 생각하고 일을 하는 사람들이다. 과거에 실행해서 성공했던 방법을 고집하며, 정확성을 최우선으로 생각하기 때문에 세부사항에 신경을 쓰고 업무수행에 대해 비평적으로 분석한다. 이들은 대체적으로 외교적 수완이 좋아서, 갈등을 일으키게 되는 부분에 있어서는 간접적으로 접근한다. 낯선 일들에 도전하는 것은 신중형의 사람들에게는 스트레스가 되며, 적대적인 상황에서는 수동적이 되어버린다. 그래서 잘못된 것을 피하기 위해 과거부터 해왔던 표준적인 절차에 따르는 경향이 높다.

주도형은 자기 자신을 환경보다 더 우월한 힘이 있다고 인식하는 경향을 갖는다. 그래서 주도형의 전략은 자신의 욕구를 충족시키기 위해 사람과 상황을 변화시키려 한다. 신중형은 자신을 환경보다 더 우월한 위치에 있다고 인식하지는 않는다. 그래서 신중형의 전략은 자신의 욕구를 충족시키기 위해 기존의 상황 하에서 일하려고 한다. 이런 점에서 주도형과 신중형은 차이가 난다.

주도형과 신중형은 모두 공격적이고 방어적인 경향이 있다. 사교형도 자신이 환경보다 우월하다고 인식한다. 그래서 사교형은 주도형처럼 자신의 욕구를 충족시키기 위해 사람과 상황을 변화시키려고 하지만, 대신에 이들은 직접적인 방법보다는 설득을 사용한다. 안정형은 자신이 환경보다 더 우월하다고 인식하지 않는다. 그래서 안정형이 자신의 욕구를 충족시키기 위해 사용하는 전략은 환경의 제약조건 하에서 다른 사람을 돕는 것이다.

② 행동유형별 의사소통 스타일

(1) 주도형

☑ 사교적인 덕담을 많이 하고 의사소통에서 직접 핵심을 말한다.
☑ 자신이 동의한 내용만 기억하거나 듣는 경향이 있다.

(2) 사교형

☑ 사교적인 분위기에서 공식적이거나 자유로운 토의를 즐긴다.
☑ 부정적인 정보를 듣기 싫어한다.

(3) 안정형

☑ 토론을 먼저 시작하지 않으며 발표를 시키면 수줍어한다.
☑ 질문할 충분한 시간을 갖고 논리적으로 정보를 제시한다.

(4) 신중형

☑ 일처리 방식이 자신과 다를 경우 그 정보를 수용하기 어려워한다.
☑ 논리적이고 체계적인 방법으로 주제를 취급한다.

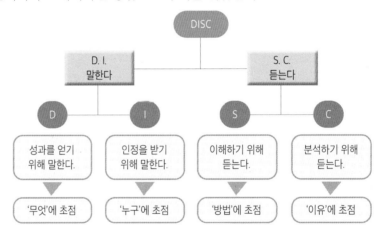

우리들은 각자 나름의 행동 경향성을 가지고 있다는 것을 인정하고 '틀림'이 아니라 '다름'으로 타인을 바라봐야 한다. 그리고 나서 자신이 어떠한 환경에서 일하는 것을 선호하고, 어떠한 상황에서 일의 능률이 오르는지를 파악해야 자신에게 맞는 직업, 회사를 찾게 될 것이다.

주도형이 회피하는 환경은 자신의 통제권이 없거나, 자주 보고하고 체크 받는 일을 하는 곳이다. 사교형은 인정받지 못하고 세밀하고 반복되는 일, 사람과의 접촉이 없는 곳에서 일하는 것을 선호하지 않는다. 안정형은 불확실한 결과로 상황이 불명확하거나, 상호 적대적이고 공격적인 환경에서는 일의 능률을 올리기 힘들어한다. 신중형은 비판받는 일, 개인적이고 사적인 정보를 말해야 할 경우 스트레스를 받는다.

MEMO

 나는 어떤 유형인지 확인하기 위해, 자신과 가장 가까운 단어에 동그라미를 해보자. 1번의 4가지 단어 중에 1개씩을 선택하면 된다. (간단한 행동유형 검사)

	A	B	C	D
1	절제하는	강력한	꼼꼼한	표현력 있는
2	개척적인	정확한	흥미진진한	만족스러운
3	기꺼이하는	활기 있는	대담한	정교한
4	논쟁을 좋아하는	호의적인	주저하는	예측할 수 없는
5	공손한	사교적인	참을성이 있는	무서움을 모르는
6	설득력 있는	독립심이 강한	논리적인	온화한
7	신중한	차분한	과난성 있는	피티를 좋아하는
8	인기 있는	고집있는	완벽주의자	인상 좋은
9	변화가 많은	수줍음을 타는	느긋한	완고한
10	체계적인	낙관적인	의지가 강한	친절한
11	엄격한	겸손한	상냥한	말주변이 좋은
12	호의적인	빈틈없는	놀기 좋아하는	의지가 강한
13	참신한	모험적인	절제된	신중한
14	참는	성실한	공격적인	매력있는
15	열정적인	분석적인	동정심이 많은	단호한
16	지도력 있는	충동적인	느린	비판적인
17	일관성 있는	영향력 있는	생기 있는	느긋한
18	유력한	친절한	독립적인	정돈된
19	이상주의적인	평판이 좋은	쾌활한	솔직한
20	참을성 없는	진지한	미루는	감성적인
21	경쟁심이 있는	자발적인	충성스러운	사려깊은
22	희생적인	이해심 많은	설득력 있는	용기있는
23	의존적인	변덕스러운	절제력 있는	밀어붙이는
24	포용력 있는	전통적인	사람을 부추기는	이끌어 가는

각각 어디에 속하는지 다시 동그라미 해보자.

	주도형	사교형	안정형	신중형
1	B	D	A	C
2	A	C	D	B
3	C	B	A	D
4	A	D	C	B
5	D	B	C	A
6	B	A	D	C
7	C	D	B	A
8	B	A	D	C
9	D	A	C	B
10	C	B	D	A
11	A	D	C	B
12	D	C	A	B
13	B	A	D	C
14	C	D	B	A
15	D	A	C	B
16	A	B	C	D
17	B	C	D	A
18	C	A	B	D
19	D	B	C	A
20	A	D	C	B
21	A	B	C	D
22	D	C	B	A
23	D	B	A	C
24	D	C	A	B
합	( )개	( )개	( )개	( )개

드라마나 영화 속 등장인물들을 행동유형별로 나누어보자.

 같은 성향인 조원끼리 모여 아래 내용을 종합해보자.

이 성향을 잘 나타내는 그림, 상징물은?
이 성향을 가장 잘 표현하는 슬로건, 단어 등은?
이 성향의 장단점은?
이 성향이 좋아하는 사람과 싫어하는 사람은?

 면접에서 보이는 내 유형의 강점과 제한점

유형	강점	제한점

자기소개서 쓸 수 있는 행동유형별 장점

주도형	사교형	안정형	신중형

MEMO

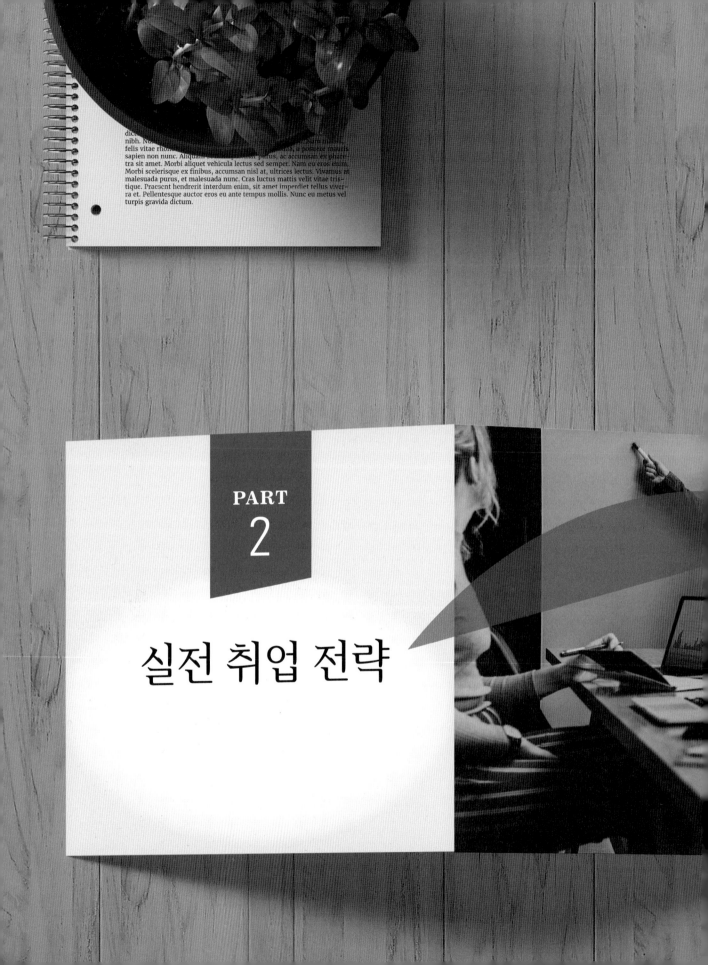

PART
2

실전 취업 전략

성공적인 취업과
자기역량 강화

Successfull
Employment &
Strengthening of
Ability

Chapter
04

인재상과 채용전형

1. 기업과 자신의 특성 연관 짓기

2. 희망 기업 분석서 작성

3. 성공취업을 위한 서류 준비 과정

기업과 자신의 특성 연관 짓기

취업정보는 대학 내에 부속기관인 취업경력개발센터나 취업행사, 인터넷을 통해 얻을 수 있다. 인터넷에서 구인정보를 확인했어도 꼭 해당기업의 홈페이지에 접속해 정보를 수집해야 한다.

구직관계는 기업검색&선정 → 서류작성&제출 → 1차 접촉 → 면접 전 → 면접 → 합격통보의 순서로 이루어진다. 이 순서로 한 번 만에 취업이 되면 좋겠지만, 많은 취업준비생들이 면접까지 가지도 못하고 서류전형에서 고배를 맛보는 경우가 허다하다. 아무리 면접에 자신이 있고 회사에 들어가서 일을 잘 할 자신이 있다고 해도 서류전형을 통과하지 못하면 실력 발휘할 기회조차 없게 된다.

대부분 기업들이 필기시험을 폐지하고 있어서 면접전형 전인 서류전형은 채용절차에서 중요성이 매우 높아졌다. 인사담당자들은 입사서류를 보고 면접대상자를 선택하기 때문에 지원할 때 신중을 기해 작성해야 한다. 자격증이나 영어성적 등 입사하는 데 충분한 실력을 갖추고도 서류전형에서의 실수로 탈락의 고배를 마시는 경우가 많다. 공부도 예습이 중요하듯이 취업에서도 예습을 해야 빨리 목적달성을 할 수 있다는 것을 기억하자.

가고 싶은 기업이 있다면 그에 대해 철저히 분석해야 한다. 현대차, LG전자는 지난 2019년, 롯데는 2021년, SK는 2022년부터 공채를 폐지했다. 5대 대기업 중에서는 삼성전자만 공채를 유지하고 있다. 코로나19 팬데믹으로 인한 경기 악화의 영향도 있지만, 인적성 검사 중심의 공채보다 직무역량 평가 중심의 수시채용이 더 효과적이라는 판단이 있어서이다.

수시채용과 더불어 취업준비생들의 화두는 인공지능(AI) 서류전형과 면접이다. 인공지능이 입사서류를 분석하거나 면접을 하는 경우가 많아졌다. 이미 SK, 롯데, CJ에서 AI 자기소개서 분석 툴을 활용하고 있고, 현대백화점 그룹과 현대자동차는 면접에도 AI를 활용 중이다. 서류전형에서 AI 채용 시스템을 활용할 기업은 앞으로 더 늘어날 것이다. 많은 인원이 몰리는 1차 서류전형에서 AI 시스템을 도입해서 참고용으로 활용하기 때문에 지원회사의 인재상, 비전 등을 면밀히 파악한 후에 자기소개서에 지원동기, 직무경험 등을 작성해야 한다. 그리고 공기업은 물론 일부 대기업까지 채용시장 전반에 블라인드 채용이 확산되며 학력 등 차별요소를 배제하는 채용공고가 증가하고 있다.

또한 하고 싶은 일과 가고 싶은 기업을 선정하기 전에 '나는 어떤 사람인가?'를 진지하게 고민해야 한다. 다음 제시하는 1단계부터 2단계, 3단계로 복잡한 생각을 글로 풀어내다보면 생각이 정리되고 윤곽이 잡히게 된다.

1단계에서는 자신을 파악하고, 2단계에서는 원하는 직업의 특징을 알아보고, 3단계에서는 이 직업과 자신을 연결시키는 작업을 한다. 이 단계들은 자기소개서나 예상면접질문과도 연관되어 있기 때문에, 하나도 빠짐없이 다 작성해보도록 한다. <1단계 - 자기분석>, <2단계 - 직업 파악>, <3단계 - 직업과의 연관성 만들기>를 통해 자신을 파악하는 것부터 시작해보자.

① 1단계 - 자기분석

자신의 성격 중 장점 2가지

자신의 성격 중 단점 2가지

자신의 별명이나 특징 + 그 이유

② 2단계 - 직업 파악

내가 하고 싶은 일은 무엇인가?

○○○는 무슨 일을 하는 사람인가?

○○○라는 직업의 장점은?

○○○라는 직업의 단점은?

이 직업을 가진 사람들의 특징이나 이미지는 무엇인가?

③ 3단계 - 직업과의 연관성 만들기

왜 ○○○가 되기로 결심했나?

○○○은 어떤 능력이 필요하다고 생각하나?

○○○라는 직업과 본인의 성격이 맞는다고 생각하나? 그 이유는?

이 직업을 가진 사람들과 본인의 이미지를 비교하면 어떠한가?(공통점/차이점)

○○○가 되기 위해서는 어떠한 준비를 해야 하나?

○○○가 되기 위해 준비하는 사람들과 본인을 비교하면 어느 정도라 생각하나?

○○○가 되기 위해 본인이 가장 노력해야 할 부분은 무엇인가?

내가 보완해야 할 부분은?

어떤 ○○○가 되고 싶나?

이 일을 통해 무엇을 달성하고 싶은가?

2021. 01. 26. 한국경제 기사 중

SK, 내년부터 전면 대졸 수시채용 … 삼성은?

SK그룹이 내년부터 대졸 신입사원 정기 채용을 전면 폐지하고 전원 수시채용으로 전환한다. SK그룹이 내년부터 전면 수시채용을 도입하게 되면서 주요 그룹 가운데 삼성, 포스코, 농협, 신세계, CJ 등만 대졸 정기 채용을 지속하게 됐다. 하지만, 수시 채용을 도입한 기업들도 우수 인재 채용을 위해 3월과 9월에 채용을 많이 진행할 것으로 보인다.

수시채용 도입은 현대자동차가 대기업 가운데 가장 먼저 도입했다. 현대차는 2018년부터 상반기 공채를 폐지하고 수시채용을 통해 인력을 충원하겠다고 밝혔다. "기존 공채 방식으로는 제조업과 정보통신기술(ICT)이 융복합하는 미래 산업 환경에 맞는 인재를 적기에 확보하기가 어려웠다"는게 공채 폐지 이유였다. 이에 따라 현대차는 각 부서에서 필요할 때마다 채용공고를 낸다. 채용방식은 경력·신입 수시 채용과 채용형 인턴 등 3가지다.

LG그룹도 매년 두 차례 실시하던 정기 채용을 작년부터 폐지했다. 대신 신입사원은 채용 연계형 인턴십을 통해 선발하고 있다. LG채용의 특징은 계열사 또는 사업 본부 자체 채용, 4주 인턴십 그리고 온라인 인적성검사로 요약된다.

대졸 채용시장의 가장 '큰 손' 삼성은 당분간 대졸 신입공채(3급)를 그대로 유지할 방침이다. 삼성은 지난해 코로나19로 인해 상반기는 한달 가량 늦춘 4월에 대졸 공채를 진행했고, 하반기에는 예정대로 9월에 실시했다. 다만, 채용전형 가운데 온라인 삼성직무적성검사(GSAT)를 처음 도입했다. 삼성은 3급 대졸 공채뿐아니라 4급(전문대졸), 5급(고졸)채용에도 온라인GSAT를 실시하고 있다.

하지만, 필요한 인력을 그때그때 뽑을 수 있다는 장점으로 수시채용은 갈수록 더욱 확대될 전망이다. 한 대기업 인사담당자는 "한꺼번에 많은 인원을 선발하려다 보면 비용도 많이 들고 소위 말하는 스펙 위주로 검증할 수밖에 없어 유능한 인재를 적시에 선발하는 데 미흡하다는 지적이 많다"며 "이러한 이유로 수시채용은 더욱 확대될 것으로 보인다"고 말했다.

(한국경제 = 공태윤 기자)

https://www.hankyung.com/society/article/202101261782i

코로나19로 바뀐 채용 문화

• 언택트채용
• 온라인 GSAT 삼성직무검사
• 수시채용
• 재택근무
• 화상회의 시스템 줌(zoom)
• 플랫폼 기업의 강세
• IT 디지털 인력 충원

희망 기업 분석서 작성

① 지원회사에 대해 공부하기

지금 가고 싶은 회사가 있는가?
어떤 회사에 입사하고 싶은가?

지원하고자 하는 회사를 정하고 몇 개월 전부터 고심해서 쓴 입사서류와, 채용 공고가 난 후 며칠 동안 급하게 준비해서 쓴 입사서류는 차이가 날 수밖에 없다. 왜냐하면 지원자의 의지가 글 속에서 확연히 드러나기 때문이다. 그리고 공채는 한꺼번에 몰리는 경우가 많아서 공고 후에 준비하다보면 시간이 부족해서 내용에 충실할 수가 없다.

지원회사에 대해 미리 정보를 알아보는 것은 어렵지 않다. 먼저 사전정보를 목표기업, 희망직무, 설립일, 대표자명, 주소, 회사 슬로건, 인재상, 입사전형, 자기소개서 양식이나 면접질문 등으로 나누어보자. 여기에 필요한 정보는 지원회사 홈페이지에 가거나 취업관련 사이트에서 확인할 수 있다. 가고 싶은 회사에 대한 정보를 A4용지 1장으로 요약한 다음, 파일로 만들어 지원하고 싶은 회사 정보를 익혀둔다.

이런 식으로 사전에 준비한다면 여유 있게 회사 형식에 맞춰 자기소개서를 쓸 수도 있고, 지원회사의 인재상에 맞는 경력이나 경험을 쌓는 준비를 할 수도 있다. 공고가 나서 서류를 쓰는 게 아니라, 서류를 준비하고 나서 공고를 기다리는 전략이 필요하다. 요약으로 1장이지만, 하나하나 세부적으로 들어가다 보면 점점 양이 늘어날 것이다.

다음은 몇몇 기업을 분석해 본 것이다.

기업 분석 예 〈1〉

기 업 분 석

목표기업	삼성 디스플레이		
산업분야	Smart/Mobile Phone Display, Mobile Device(DSC/Game) Display, Auto-Motive Display, Tablet PC, Note PC, Monitor, TV, PID	희망직무	연구/개발
창립일	2012년 4월 1일 삼성디스플레이 주식회사로 설립	주소	경기도 용인시 기흥구 삼성로 1
홈페이지	www.samsungdisplay.com		
경영이념	인재와 기술을 바탕으로 최고의 제품과 서비스를 창출하여 인류사회에 공헌한다.		
회사 VISION	• **Display beyond Imagination** 업역(Domain)을 명시하는 동시에 미래지향성을 강조하며, 상상 속 그리고 공상 영화에서만 가능하다고 생각했던 디스플레이를 바로 우리가 만든다는 의미를 지니고 있습니다. • **First & Best** 미래 트렌드의 신 지평을 개척할 수 있는 변화를 이끌 주요제품을 세계최초로 개발하겠다는 우리의 목표를 의미합니다. • **Smart & Together** 합리성을 기준으로 사고하고 판단하며, 리더, 동료 팀원으로서 서로에게 신뢰를 주고 협업을 통해 문제를 해결하는 업무 방식을 전달하고 있습니다.		
인재상	창의적 인재	‣기존의 형식에서 벗어나 새로운 생각을 가지고 발상과 인식의 전환을 이끌어 낼 수 있는 창의적인 인재 ‣목표의식과 위기의식을 갖고 끊임없는 창의적인 개선을 통해 위기를 극복해나갈 수 있는 인재	
	글로벌 인재	‣한국을 넘어 세계로, 글로벌 초일류 기업을 향하여 나가는 삼성디스플레이와 함께 할 인재 뛰어난 외국어 실력과 다양한 문화에 쉽게 적응 할 수 있는 인재	
	도전적 인재	‣어렵고 남들이 기피하는 분야에 도전하는 개척정신과 변화와 개혁을 선도하려는 강한 모험정신을 가진 인재 ‣실패를 두려워하지 않는 인재	
	전문 인재	‣한 분야의 전문지식을 기반으로 다양한 분야의 지식을 창출할 수 있는 인재 ‣이러한 전문성을 통하여 고객의 Needs를 파악해 끊임없이 기술과 시장의 영역을 넓혀가는 인재	
항목	1. 지원하신 직무를 선택한 이유와, 그 직무에 필요한 역량을 갖추기 위해 지금까지 어떠한 노력을 해왔는지 구체적으로 서술해주시고, 그 경험들이 앞으로 회사와 본인의 발전에 어떻게 기여할 것이라 생각하는지 작성해주시기 바랍니다. (1,000자) 2. 도전적인 목표를 정하고, 목표를 달성하기 위해 체계적인 계획을 세우고 실천하였던 경험에 대해 서술해주십시오. 목표·계획의 세부적인 내용과, 그 과정에서 어려움을 극복한 방법, 결과적으로 본인이 얻은 성취에 대해 구체적으로 써주시기 바랍니다. (1,000자) 3. 지원하신 회사와 관련된 최근 이슈 중 본인이 생각하기에 중요하다고 생각되는 것을 한 가지 선택한 후, 해당 이슈에 대한 본인의 견해를 설득력 있게 밝혀 주시기 바랍니다. (1,000자)		

 기업 분석 예 〈2〉

회사명		
목표 기업	CJ CGV	
산업 분야	영화 및 멀티플렉스	**회사 주소** — 서울특별시 마포구 월드컵북로 434, 상암 IT타워(상암동) 9~10층
창립일	1953년 제일제당공업 1996년 CGV설립 및 멀티플렉스 사업 진출	**홈페이지** — http://www.cgv.co.kr/
슬로건이나 핵심가치	**VISON : EVOLVING, BEYOND MOVIES, GLOBAL NO.1 CULTURPLEX** (지속적인 진화를 바탕으로 영화 관람환경뿐만 아니라 그 이상의 서비스와 감동을 전달하고 TOTAL LIFESTYLE을 선도하는 종합생활문화공간으로 도약한다) **MISSON : TO CREATE A LASTING AND MEMORABLE EXPERIENCE AT THE FIRST, THE ONLY AND THE BEST PLACE** (최초, 최고 ,차별화된 공간에서 다양한 즐거움과 특별한 경험을 제공한다)	
인재상	1. 정직하며 열정적이며 창의적인 인재 2. 글로벌 역량을 갖춘 인재 3. 전문성을 갖춘 인재	
지원 분야 주요 업무	각 콘텐츠별 마케팅 전략을 수립하고 실행한다. CJ CGV의 브랜드 파워를 강화할 수 있는 다양한 마케팅 전략을 수립한다. (기획, Risk Management, 언론네트워크관리)	

아래 빈 칸을 채워 희망기업분석을 작성해보자

기 업 분 석			
목표기업		CEO	
업무			
창립일		사원수	
대졸초임		매출액	
홈페이지		주소	
경영이념			
핵심가치			
행동규범			
VISION			
인재상			
채용전형절차			
자기소개서 항목			

② 기업이미지 CI 분석하기

내가 희망하는 기업의 문화를 CI 로 분석해보는 것도 회사를 이해하는 데에 도움이 된다. CI는 기업 이미지, Corporate Identity의 약어로, 한 기업의 이미지를 강화시키고 부가가치를 만들 수 있는 중요한 요소이다. 한 기업의 이미지는 로고나 심벌마크에 그치는 것이 아니라 집단이 가지고 있는 목적, 이념의 총체적인 이미지를 시각적으로 체계화한 것이다. CI는 새로운 시대에 대비한 기업의 목표달성을 위해서 경영상의 사상을 전달하는 기업 메시지와 같은 기업이념(MI), 심벌마크나 로고 등의 디자인인 표현양식(VI), 기업 이념의 사내 확산 운동인 행동양식(BI)으로 이루어진다. CI를 통해 기업은 이미지가 좋아지고, 그에 따라 매출도 증가하고, 인재확보가 유리해지는 등 기업 입장에서 긍정적인 효과가 있다.

 03

성공취업을 위한 서류 준비 과정

① 서류제출 방법

취업을 희망하는 경우, 어느 회사든 입사지원서나 이력서 둘 중 하나는 제출해야 한다. 특별히 회사에서 지정한 틀이 없다면, 자신이 직접 제작해서 제출하면 된다.

서류접수 방법은 다양하나 요즘은 이메일 접수나 자사 홈페이지를 통해 입사서류를 작성하게 하는 경우가 많다. 그럼 각각의 유의점을 살펴보도록 하자.

(1) 이메일 접수

이메일 접수 시에는 가급적 마감일은 피해야 한다. 마감일에 지원자가 몰리기 때문에 피해를 볼 수 있어서 미리 접수하는 여유를 갖자.

또한 이메일 접수라고 해서 자유형식이라고 생각하지 말고, 꼭 회사홈페이지에 방문하여 입사서류의 정해진 형식이 있는지, 분량제한이 어느 정도인지 확인해야 한다. 회사에서 MS Word로 제출하라고 했는데 Hwp로 보낸다면 처음부터 컴퓨터를 잘 다루지 못하는 사람으로 여겨질 수 있다.

이메일로 서류를 제출할 때는 서류뿐만 아니라 보내는 과정에서부터 신경 써야 할 부분이 많다. 먼저 메일 제목은 어떤 분야의 입사지원서인지를 알 수 있게 적어야 한다. "입사서류입니다.", "○○○입니다."와 같이 본인 위주의 제목은 인사담당자를 번거롭게 만드는 일이다. 제목에는 입사지원서+지원 분야+이름을 꼭 기입해야 한다. 이때 다른 메일과 분류될 수 있게 [입사지원서], [입사서류] 등으로 [ ]를 표시하는 것이 좋다.

제목 : [입사지원서] ○○회사 ○○팀(인턴) 지원자 ○○○입니다.
제목 : [입사서류] ○○팀 인턴지원자 ○○○입니다.

지금 자신의 이메일 이름이 어떤 식으로 되어 있는가? 보낸 사람의 이름이 '곰니', 'mari', '너를사랑해', '발신자인가'와 같이 별명으로 되어 있는 경우가 많을 것이다. 장난기만 가득한 대학생의 별명이 인사담당자에게 어떠한 영향을 미칠까? 사회인이 될 준비를 한다면 보낸 사람 이름은 자신의 이름 석 자로만 깔끔하게 보내도록 하자.

첨부파일 이름과 메시지를 활용하자. 간혹 첨부파일 이름이 '이력서', '자기소개서'로 보내는 것을 볼 수 있는데, 여러 상황을 대비해 꼭 자신의 이름과 지원 분야를 기재하도록 한다. 그리고 첨부파일만 보내는 이메일은 면접관에게 인사를 하지 않는 것과 같다. 서류에 다 쓰여 있어서 쓸 필요 없다고 생각하지 말고 이름, 지원 분야, 입사 후 포부를 간단히 적고 긴급 연락처까지 챙겨서 입사에 대한 의지를 전하자.

예

본문 내용 예>

안녕히세요. ○○회사에 지원하게 된 ○○○입니다.

저에게 있어 ○○회사는 ○○과도 같습니다.

○○대학교에서 ○○학과를 다니며 이 분야에 대한 이론적인 부분을 익혔으며,

외국어실력을 향상시키기 위해 매일 아침 중국어공부를 하며 예비 ○○인으로서

준비를 하고 있습니다.

꼭 만나 뵐 수 있었으면 좋겠습니다.

감사합니다.

혹시 파일에 문제가 있을 경우

010-****-**** 로 연락바랍니다.

첨부파일 예>

○○기업_영업분야_인턴지원자_○○○이력서

○○기업_영업분야_인턴지원자_○○○자기소개서

(2) 온라인 접수

자사 채용홈페이지나 취업포털을 통한 접수를 온라인 접수라고 말한다. 시험공부를 벼락치기 하듯, 미루다가 마감일에 급하게 써서 보내는 경우가 있는데, 이럴 때 낭패를 볼 수 있다. 마감일을 기다리지 말고 마감일 2~3일 전에 지원하자. 모든 준비가 완벽해도 마감기한을 넘겨버리면 아무런 소용이 없다. 마감일에는 지원서 접수가 몰려 서버가 다운되기도 하고, 급할 경우 마감일 전에 채용이 끝나버리는 경우도 있기 때문에 미리미리 지원하는 것이 안전하다.

자사 채용홈페이지에서는 정보를 입력하고 나서도 마감되기 전까지 수정이 가능한 경우가 있기 때문에, 미리 접수하고 수정해나가는 것도 좋은 방법이 될 수 있다.

해당홈페이지에 온라인으로 직접 작성하는 방식이라 오타를 입력하거나 숫자를 잘못 기재하는 일이 생기기 마련이다. 이런 실수를 줄이기 위해서는 간단하게 각 항목을 한글 문서에서 작성해보고 정리한 내용을 보면서 온라인 입사서류에 입력하면 된다. 한글 문서에서 작성하여 미리 맞춤법과 띄어쓰기를 꼼꼼히 살핀 다음 온라인 작성을 한다면 훨씬 깔끔하고 완벽한 상태의 지원서류를 제출할 수 있게 될 것이다.

(3) 우편 접수

우편 접수는 봉투에서부터 접수가 매겨진다. 성의 없어 보이는 글씨로 주소를 쓴 봉투를 보게 되면, 그 안의 내용에 대한 궁금증이 줄어들게 된다. 컴퓨터 글씨체보다 더 성의 있고 깔끔한 손글씨 실력을 갖추지 않았다면, 봉투에 주소를 적을 때에도 워드작업을 이용하여 [보내는 사람]과 [받는 사람]을 정확하게 기입하는 것이 좋다. 이때 우편번호, 자신의 연락처까지 미리 기입하고, 다른 부서로 잘못 전달되지 않도록 [○○부서 인턴 지원자 ○○○입니다] 등으로 작성하는 것이 안전하다.

 봉투에 붙이는 예

> 보내는 사람
> 정유성 (010-1234-5678)
> 서울 중구 동호로 249 103동 901호
> 우) 04605
>
> | 제이원그룹 하계인턴사원 입사서류입니다 |
>
> 받는 사람
> 헌빈 차장님
> 서울시 강남구 도산대로 509
> 제이원그룹 인사팀
> 우) 06011

서류를 모아서 봉투에 넣을 때에도, 지원회사가 요청한 서류를 순서대로 투명파일에 넣으면 종이가 찢어지거나 물에 젖는 상황을 피할 수 있다. 응시접수비를 소액환으로 보내라고 하는 경우, 우체국에 가서 해당금액을 소액환으로 바꾼 뒤 봉투에 넣어 보내도록 한다. 어떠한 상황에서라도 지원회사에서 지시한 사항은 모두 지키도록 하자.

(4) 방문 접수

방문과 우편으로 접수를 받는다면, 되도록 방문해보는 것이 좋다. 면접 당일에 길을 헤맬 일도 없고, 면접 시에도 회사에 대한 느낌을 보다 구체적으로 전할 수 있기 때문이다.

방문 접수를 하러 가서는 예비 면접이라고 생각하고 복장, 태도에도 신경을 써야 한다. 접수를 받는 사람이 내 상사라면, 이미 자신을 체크하고 있을 지도 모를 일이다.

Chapter

05

입사서류 작성

Successfull
Employment &
Strengthening of
Ability

인사담당자의 마음을 움직일 이력서

 이력서 작성하기

    회사에서 정해진 양식이 아니라면 본인의 장점을 드러낼 수 있는 이력서 형식을 만들어야 한다. 경력이 많다면 경력을 돋보이게, 자격증이 많다면 자격증 부분을 강조해야 한다. 학력사항과 경력사항이 한 줄로 붙어있는 이력서는 면접관이 한 눈에 볼 수 없기 때문에 학력, 경력이 구분되어 있는 이력서 형식을 이용해야 한다.

이력서샘플 - 1

사진	소 속			직 급		
	성 명	(한글)	(한문)		(영문)	
	국 적	한국	주민등록번호		– (뒷번호 생략)	
	현주소					
	연락처	자 택		핸드폰		
		직 장		이메일		

학 력 사 항

경 력 사 항				
기 간	근 무 년 월	근 무 처	최종직위	담당업무

해 외 경 험			상 벌 경 력		
국 가	기 간	목 적	기 관	일 시	내 용

외 국 어 능 력			자 격 및 면 허		
종류(시행기관)	취득년월일	점 수	종 류	취득년월일	시행기관

가 족 관 계			개 인 정 보		
가족관계	이름(나이)	직업	취미	특기	군대

위 기재사항은 사실과 다름없음을 확인합니다.

작성일 :   년   월   일   작성자 :   (서명)

이력서샘플 - 2

1. 기초 자료

사 진	성 명		한 자	
	생 년 월 일			(만 세)
	E-mail/sns주소			
	전 화 번 호		휴 대 폰	
	주 소			

2. 학력 사항

기 간	학 교 명	학 과	비 고

3. 자격증 및 경력 사항

기 간	관 련 내 용	비 고

4. 병역사항

기 간	

5. 가족사항

관계	성명	연령	직업	동거여부

6. 기타사항

취미	특기	종교

위 기재사항은 사실과 다름없음을 확인합니다.

작성일 :   년   월   일   작성자 :   (서명)

　입사지원서에 증명사진은 물론 키와 체중, 출신지, 부모 직업 등을 쓰지 못하도록 하는 바람이 대기업을 중심으로 일고 있다. 아래는 상위그룹의 2015년 이후 채용 전형이다.

삼성	지원서에 사진, 주민번호, 가족관계 등의 가입란 삭제 학점제한 폐지, 직무적합성 평가, 창의성 면접 실시
현대 자동차	지원서에 사진, 부모 주소 등 개인정보 기입란과 해외경험 등 스펙관련 기입란 삭제 지원서에 동아리, 봉사, 학회활동 등의 대외활동 기입란 삭제 1차 면접 복장 자율화
SK	지원서에 사진, 어학성적, IT활용능력, 주민번호, 가족관계 등 기입란 삭제 자기소개서 위주 진행. 해외영업은 어학성적, 자격증 필요
LG	지원서에 어학성적, 수상경력, 인턴 등의 스펙 기입란과 주민번호, 사진, 가족관계 등 개인정보 입력 삭제
롯데	학력제한을 폐지, 지원서에 사진, 어학성적, 자격증, 수상경력 삭제 직무 중심의 면접(역량구조화면접)을 실시 불합격자에게 본인 점수를 공개
포스코	전공제한을 폐지하고 지원서에 어학성적, 해외연수경험 등의 기입란 삭제 NCS기반 채용 진행

　하지만 대기업 계열사나 다른 중소기업들은 아직도 예전 형식의 이력서를 쓰는 경우가 많기 때문에 사진, 학력, 경력, 서명 쓰는 법을 살펴보도록 한다.

입 사 지 원 서

사진 (3*4)	성 명	(한글)		(한자)	
	주민번호		생년월일		
	현주소				
	휴대폰		전화번호		
	이메일				

(1) 기초자료 - 사진

이력서에서 가장 먼저 눈이 가는 곳인 사진은 취업에서의 첫인상이다. 예쁘고 잘생긴 외모의 문제가 아니라 얼마나 진지한 태도로 취업에 임하고 있는지를 보여 주어야 한다. 지금 자신의 이력서에 있는 사진을 체크해보자.

우선 계절에 맞는 사진이 필요하다. 겨울에 민소매, 여름에 두꺼운 니트를 입은 사진은 오래된 느낌을 준다. 자신 없다면 사계절 무난하게 쓸 수 있는 정장을 입은 사진을 선택해야 한다.

머리카락이 눈에 거슬려서는 안 된다. 앞머리를 일자로 자르는 식으로 귀엽고 깜찍한 헤어를 해서 미성숙하게 보이게 한다거나, 머리로 얼굴을 가리는 스타일은 자신감을 표현하기 어렵다. 긴 머리는 묶어서 더욱 단정하고 깔끔한 인상을 주도록 하자.

종이에 사진을 붙일 때는 정해진 크기에 맞게, 보기 좋은 비율로 붙여야 한다. 사진 모서리에 풀이 남아 있지 않은지도 확인하자. 전자문서로 지원할 때는 정해진 크기와 파일 사이즈로 편집하는 성의가 필요하다.

(2) 기초자료-정보

❶ 이메일 주소

취업을 준비하고 있다면 이메일 계정을 하나 더 만들어야 한다. 처음에 이메일을 만들 때에는 장난스럽게 'lovelove', '1004', '남자친구' 이니셜 등을 사용하기도 하고, 본인의 이름을 그대로 영어로 적어 '김보경'이라면 rlaqhrud@로 만드는 경우도 있는데, 외국계회사에서는 외계어로 볼 것이다.

취업에서는 이메일 주소도 취업에 대한 의지를 나타낼 수 있다. MBC아나운서가 되고 싶다면 mbc나 ann을 섞어서 이메일 계정을 만들고, 자신이 오래 전부터 이 일을 꿈꾸어 왔고 이 회사에 꼭 들어오고 싶다는 간절한 마음이 있었음을 드러내야 한다. 서울시에 지원할 때 seoul을 포함시키면 이력서 앞부분부터 주목받을 수 있다. 자기소개서를 쓸 때에도, 모든 이메일 계정과 홈페이지 주소를 seoul로 할 정도로 서울을 사랑하고 서울시를 위해 일하고 싶다는 내용을 추가하면 인사담당자들에게 어필할 수 있을 것이다.

❷ 기타 신상정보

긴급 연락처는 필수 사항이다. 가족이나 친구의 연락처를 기입하고, 상대에게 꼭 정보를 전달하도록 한다. 자취를 하거나 기숙사에 있는 학생들은 일반전화가 없는데, 이때에는 휴대전화라도 다시 한 번 적어야 한다. 팩스 또한 없다면 점이라도 찍어야 성의 있게 이력서를 쓴 느낌을 줄 수 있다.

(3) 학력

이력서의 학력사항은 보통 고등학교부터 기입한다. 만약 외국에서 중학교 시절을 보냈고, 그 부분을 강조해야 한다면 중학교부터 기입해도 된다.

예1>

학력사항	기 간	학 교 명	전 공	졸업구분	소재지
	년 월 - 년 월	고등학교			
	년 월 - 년 월	대 학 교			
	년 월 - 년 월	대 학 교			
	년 월 - 년 월	대 학 교			

예 1>의 경우, 기간을 년 월로 쓰도록 되어 있는데, 여기에서 주의할 점은 해당 월을 기입할 때 1~9월은 앞에 01, 02처럼 0을 붙이도록 하는 것이 좋다. 그래야 11월, 12월이 아래에 있어도 정렬이 잘 될 수 있기 때문이다. 졸업구분은 졸업, 졸업예정으로 기입하면 된다.

예2>

	졸업년월	학교명	졸업여부	소재지
학력사항(고등학교부터 해당사항 모두 기재_입력란 부족시 추가하여 기재)				
학력		고등학교	졸업/중퇴	
		대학교 대학 과	졸업/예정	
		대학교 대학 과	졸업/예정	

예 2>처럼 졸업 년 월을 모두 기입해야 할 때 가장 큰 어려움은 당시 년 월을 기억하는 것이다. 자신이 몇 월 며칠에 대학에 입학했는지 기억이 안 난다면 입사서류작성 시작부터 짜증이 밀려올 것이다. 이런 기본 정보들은 미리미리 파악해두도록 한다.

외국회사에 지원할 때는 이력서 내용을 추가 설명하는 Cover letter를 꼭 함께 보내야 한다. Cover letter는 Name & Address, Date, The inside address, Salutation, Contents, Complimentary closing, Autograph 순으로 쓴다.

(4) 경력사항

아르바이트나 인턴사원 경험을 적을 때 회사명과 담당 부서, 그리고 정확한 업무 내용까지 적을 필요가 있다. '○○백화점 아르바이트'라는 애매한 내용보다 '○○백화점 화장품 판매, 하루 평균 250명 고객응대'라고 기입한다면 이 아르바이트를 통해 서비스 마인드, 고객에 대한 배려를 함께 배울 수 있었다고 자기소개서에서 풀어낼 수 있게 된다.

신입사원으로 지원할 때 쓸 내용이 없는 취약한 부분은 경력사항이다. 빈칸으로 이력서를 채운다면, 다른 이력서에 비해 성의가 없어 보이거나 능력 부족으로 여겨질 수도 있다. 만약 자유형식의 이력서라면, [해외연수경험], [봉사활동], [자격증] 등으로 변경하여 자신이 가지고 있는 다른 경력을 풀어내도록 한다. 경력사항에 지원분야와 관련된 경험을 기입하면 자기소개서에서 자연스럽게 업무능력과 연결지을 수 있다.

교내외 활동·아르바이트·봉사활동			
활동명	직 급	근무·활동기간	주요업무

(5) 서명

마지막 부분에는 작성일자와 본인 이름을 쓰고, 서명도 빠짐없이 해야 한다. 인터넷에 [무료도장]을 검색하면, 이력서에 사용할 수 있는 무료도장을 얻을 수 있다. 방문이나 우편접수일 때는, 프린트한 후에 친필사인을 해도 된다.

예전에 사용했던 이력서를 다시 쓰게 되는 경우에도 날짜를 꼭 수정해야 한다는 것을 기억하자.

> 위의 내용이 틀림없음을 확인하며 지원서류를 제출합니다.
>
> 2023 년 10 월 29 일
>
> 지원자 성명: 김보경 印

스토리를 담은 자기소개서

 자기소개서 작성하기

(1) 자기소개서의 구성

자기소개서는 말 그대로 자신을 소개하는 글로, 취업을 위한 자기소개서는 대학 입학을 위한 자기소개서나 대학 글쓰기 수업에서의 자기소개서와는 다른 특성을 가지고 있다. 이력서나 졸업증명서에서는 알 수 없는 개인의 정보, 즉 성격이나 학교생활, 지원동기 등을 구체적인 정보로 기술해야 한다.

면접관은 자기소개서를 통해 지원자의 가정환경, 대인관계, 조직적응력을 알게 되며 인생관, 장래성까지 파악할 수 있고, 생각을 글로 표현하는 문장력까지 평가할 수 있다. 그렇기 때문에 지원자는 자기소개서 내용에 대체적인 성격과 인생관 등을 기술함으로써 해당 지원 회사에 자신이 적합하다는 것을 입증할 수 있어야 한다.

문항 예

- 자신의 삶에 영향을 미친 가장 중요한 사건이나 경험을 설명하고, 그것이 자신의 가치관 혹은 인생관에 어떠한 영향을 주었는지를 기술하시오.
- 학창시절 중 남들이 하지 않은 특별한 경험을 기술하시오.
- 입사지원 동기 및 지원하신 직무를 잘 수행할 수 있다고 생각하는 이유를 본인의 경험과 관련하여 기술하시오.
- 본인을 잘 설명할 수 있는 카피나 슬로건을 만들어 보고, 그 이유를 간단히 기술하시오.
- 지원하신 회사, 직무, 근무지와 관련하여 특별히 희망하는 점이나 면접자에게 꼭 알리고 싶은 사항을 기재하시오.
- 0~100점까지 자신이 몇 점짜리 사람이라고 생각하고, 그 이유는 무엇인가?

자기소개서 내용은 성장과정, 학교생활, 경력사항, 성격, 지원동기 등의 몇 가지 내용단위들로 구성되어 있다. 요즘은 더 구체적으로 문항을 주고 그에 따른 에피소드를 중심으로 내용을 전개하도록 하는 회사가 늘고 있다.

공기업 입사를 희망한다면 NCS(National Competency Standards, 국가직무능력표준)에 기반을 둔 직업기초능력 평가시험을 준비해야 한다. NCS는 기존 스펙, 학력 위주였던 채용 시스템에서 벗어나 능력 위주의 체계화된 신입사원 채용 시스템을 선보이기 위해 마련된 것이다. 본인이 지원하는 분야의 직업기초능력을 미리 알아보고, 자기소개서를 작성할 때에도 의사소통, 수리, 문제 해결, 자원 관리, 정보, 기술, 조직 이해, 자기계발, 대인관계능력, 직업윤리 등 10개 영역 중 해당분야에 맞는 내용을 중심으로 기술해야 할 것이다.

기업마다 요구하는 예는 달라도 [성장과정-학교생활-성격-지원동기 및 입사 후 포부] 등의 내용은 자연스럽게 포함될 수밖에 없다. 기본 형식에 충실하게 내용을 정리해둔다면 해당되는 내용에 맞게 필요한 부분만 사용할 수 있을 것이다. 면접관이 지원자의 자기소개서를 2~3분 안에 다 읽는다는 점을 감안하면, 자유형식의 경우 꼭 제목이나 소제목을 개성 있게 써야 한다. 짧은 시간 안에 지원자의 특성과 장점을 최대한 부각시킨 제목과 소제목을 만들어 사용하는 것이 최근 자기소개서 경향이기도 하다.

(2) 자기소개서 소제목 만들기

자기소개서에서 소제목은 형식과 내용에 따라 여러 가지 유형으로 나눌 수 있다. 우선 자기소개서의 소제목은 형식에 따라 명사형, 명사구형, 문장형의 세 가지 유형으로 나타난다.

> ㆍ 명사형: 각오, 성격, 특기, 포부, 흥미, 성장과정.
> ㆍ 명사구형: 나의 인생관, 나를 뽑아야 하는 이유, ○○○라는 사람.
> ㆍ 문장형: 나의 인간관계는 감자와도 같습니다. 세상에서 가장 맛있는 샌드위치를 만들겠습니다. 변화를 두려워하지 않고 미래를 준비하는 직원이 되겠습니다.

면접관의 눈을 끌 수 있는 형식의 소제목은 명사구형이다. 명사구형이 선호되는 것은 명사형에 비해 구체적으로 지원자의 특성을 표현할 수 있고, 문장형보다는 간결한 느낌을 주기 때문이다.

또한 자기소개서의 소제목이 담고 있는 내용과 관련하여 업무/성격/특성·경험으로 유형을 나눌 수 있다. 아래의 예들은 아나운서에 지원한다는 가정 하에 쓸 수 있는 소제목이다.

❶ 업무와 관련되는 소제목

> 방송인 ○○○/아기 방송인의 탄생/아나운서를 꿈꾸며/아나운서로 가는 길/방송과의 우연한 만남/내가 방송을 사랑하는 이유/누구보다 멋지게 웃을 수 있는 방송인/방송·영화·연극·연기와 떼려야 뗄 수 없는 사람/저는 평생 방송쟁이로 살고 싶습니다/저는 마이크 앞에서 가장 행복합니다/꾸밈과 거짓 없는 방송인이 되고 싶습니다/방송에 대한 열정과 노력으로 신뢰감 있는 아나운서가 되겠습니다.

❷ 지원자의 성격을 드러내는 소제목

> 고집스런 카멜레온/대한민국 응원단장/천천히 차근차근/톡톡 튀는 차분함/맺고 끊음은 확실한 사람/할 수 있다는 긍정적 생각/가슴으로 느낄 수 있는 사람/사랑하는 마음과 자유로운 사고/따뜻함을 잃지 않는 열정의 승부사/항상 웃는 얼굴이 보기 좋아/다른 사람을 기쁘게 할 수 있습니다/저는 '모범생'이라기보다는 '모험생'입니다/많은 시행착오를 겪으면서 끊임없이 도전하는 사람

㉠에서는 아나운서라는 직업의 특성과 관련되는 소제목이다. '방송, 방송인, 마이크, 아나운서' 등을 사용하여 지원자가 관련 업무에 지원하는 것을 직접적으로 밝혀 관심과 의지를 표현하는 방법이다. 예를 들어 성장배경에서 '아기 방송인의 탄생'이라는 소제목을 사용하여 아나운서 출신인 어머니를 언급하며 이미 예견된 방송인이었다는 주제로 전개할 수도 있고, 고등학교 시절 방송반에서의 경험을 '저는 마이크 앞에서 가장 행복합니다.'라는 소제목으로 표현할 수 있다. 이러한 유형의 소제목은 모든 세부항목에 걸쳐 다양하게 사용한다.

㉡은 지원자의 성격을 드러내고 있는데, 세부항목의 '성장과정, 성격의 장·단점' 등에 사용가능하다. 면접관은 소제목만으로도 지원자의 성격을 파악하게 된다. 초등학교 때부터 가장 많이 들어왔던 말인 '항상 웃는 얼굴이 보기 좋아!'의 소제목에서는 지원자의 밝은 성격과 관련된 성장과정을, '천천히 차근차근'에서는 지원자가 차분하면서도 세심한 성격의 소유자라는 것을 전달할 수 있다.

ⓒ은 지원자의 특성이나 경험을 드러내는데, 소제목만으로도 면접관이 아래의 글을 더 읽고 싶고, 호기심이 생기게끔 만들어야 한다. 자신만의 약어를 만들 수도 있는데, 'ⓞⓞⓞ는 VIP'에서 VIP를 자신의 다양한 경험(Various)과 독립심(Independent), 열정(Passion)으로 나타낼 수도 있다.

형식과 내용에 나누어 소제목을 만들었다면, 이제는 3~4개의 소제목만 나열해도 통일성이 있게 정리하면 된다. 아래 내용을 읽지 않더라도 소제목만으로 자신이 어떤 사람인지를 나타낼 수 있게 다듬어보자.

(3) 자기소개서 내용 쓰기

취업 시, 면접관들은 지원자의 학벌이나 성적보다는 실질적인 능력과 조직 적응력에 점수 비중을 높이고 있다고 한다. 따라서 지원자의 내실을 평가할 수 있는 자료 중 하나인 자기소개서를 더 신중하게 작성해야 할 것이다. 일기나 자서전이 상대방을 고려하지 않는 주관적인 글쓰기라면, 자기소개서는 독자가 정해져있는 객관적 글쓰기다. 취업용 자기소개서는 자신을 소개하는 차원을 넘어 입사를 목적으로 면접관을 설득하는 글이다. 상품을 판매하기 위해 광고를 하듯이 자신을 상품화시켜 면접관의 마음을 동요시켜야 한다.

띄어쓰기와 맞춤법에 주의하고 기업에서 특별한 지시사항이 없다면, '나는 -이다'와 같은 평칭보다 '저는 -입니다.'의 경어를 사용하는 것이 좋다. 이는 경어표현으로 겸손함을 전달하기 위한 것으로, 평칭에서의 자신감이 자만심으로 비칠 수도 있기 때문이다.

면접관은 자기소개서를 통해 문서능력까지 점검한다. 칸이 있는 경우에는 너무 꽉 차게 기입하면 답답해 보인다. 그러나 몇 줄이 비어 있으면 텅 빈 느낌을 줄 수 있기 때문에 내용조절을 잘 해야 한다. 내용에는 성장과정과 성격의 장단점, 대학생활과 동아리활동, 지원동기와 장래포부, 특기사항 등이 필수사항이므로 언급해야 하며, A4용지 1매~1.5매 이내로 작성해야 한다.

❶ 성장과정, 학창시절 활동

면접관은 지원자가 부모님 소개나 고향설명을 하는 자기소개서는 더이상 바라지 않는다. 자신이 전달하고 싶은 내용과 면접관이 궁금해 하는 내용이 일치할 때 서류전형에 통과될 수 있다. 본인의 과거 경험을 나열하는 주제를 작성할 때는 상황 - 본인이 맡은 역할-자신이 행한 행동 - 성과 순서로 작성하면 기승전결 구성이 뚜

렷해진다. 행동 - 성과는 업무능력과 연결시키도록 한다. 초등학교 시절부터 거슬러 올라올 필요 없이, 고등학교나 대학교 시절의 최근의 이야기가 면접관의 공감을 얻을 가능성이 높다. 초-중-고 시절이 수동적인 위치였다면, 대학이라는 공간은 처음으로 자신의 의지대로 시간을 조절하는 최초의 사회생활이라고 생각하기 때문이다.

지원회사의 인재상에 따라 성장과정이나 학창시절 내용도 달라져야 한다. [열린 생각]이 인재상이라면 항상 도전하고 좌절하지 않았던 에피소드를, [고객지향적 인재]가 인재상이라면 아르바이트 경험을 통해 습득한 서비스마인드를 기술할 수 있다.

성장과정이나 학창시절 내용은 지원자의 과거 경험을 설명하는 내용이 많아서, 'X를 했었습니다', 'X할 수 있었습니다', 'X를 배웠습니다'라는 구문을 사용하여 면접관에게 'X에 대한 정보'를 전달해야 한다. 결론은 'Y를 통해 X를 할 수 있었다.'로 Y는 '가족, 아르바이트, 조교활동' 등, X는 Y를 통해 얻게 된 '열정과 자신감, 신중함과 책임감, 인간관계' 등으로 기술할 수 있다.

아래는 대기업 서류전형에 합격한 자기소개서의 예이다.

성장배경 예

성장배경 <성실하고 배우는 것이 즐거운 사람>

㉠ 초등학교 때는 수우미양가로 표기되던 성적이 중학교 들어서 평균점수와 석차라는 숫자로 나타났습니다. 평균점수 85점에 전교 석차 150/500. 공부를 잘한다고 생각했던 저는 실망하게 되었습니다. ㉡ 할아버지와 약수터를 같이 가면서 이런 이야기를 드렸더니 할아버지께서는 근면을 강조하셨습니다. ㉢ 부지런히 힘쓰지도 않고 좋은 성적이 나올 리가 없다는 당연한 진리이지만, 당시 핑계만 대던 저에게는 정곡을 찌르는 한마디였습니다. 그날로 위편삼절을 책상에 붙이고 공부를 했습니다. 혼자 공부하는 것이 쉬운 것이 아니었지만, 아침에 30분 일찍 일어나 영어단어를 외우고, 하교 후 주요과목을 노트에 정리하고 참고서를 풀어보고, 시험일정에 맞춰 공부하였습니다. ㉣ 성적은 조금씩 올라가기 시작했고 학기가 지나 갈 때 마다 평균점수는 점점 올라 90점 92점 그리고 2학년 가을학기에서는 97점과 전교 석차 2등을 기록하였습니다. ㉤ 눈에 띄는 점수 향상은 물론이고, 이것을 계기로 배우고 공부하는 것이 즐거운 일이라는 것을 깨달았습니다.

이 자기소개서에서 ㉠은 중학교 시절 낮은 성적을 받고서 어떻게 극복하려고 노력했는지를 설명하기 위한 시작단계이다. ㉡은 할아버지가 강조한 '근면'을 통해 부지런히 공부해야겠다고 다짐하는 내용이다. ㉢은 할아버지의 조언을 통해 계획을 짜서 공부하게 되었다는 내용으로 'Y를 통해 X를 할 수 있었다' 형식을 사용하고 있다. ㉣에서는 꾸준한 노력으로 평균 85점에서 97점까지 올린 정보를 전달한다. '기록하였습니다', '깨달았습니다'라는 구문을 사용하여 면접관에게 자신의 발전과정을 설명하고 있다. ㉤은 마무리하는 문장으로 위의 내용을 요약하고 있다.

❷ 성격의 장단점, 남들과 구별되는 개성 능력

회사에서는 팀원 간에 잘 어울려 생활할 수 있는 밝은 성격의 지원자를 원한다. 그렇다고 '긍정적'이고 '낙천적'이라는 평범한 내용으로는 주목을 끌 수 없다. 이 업무에서 가장 필요로 하는 능력이 무엇인지, 이 업무를 잘 하기 위해서 가장 적합한 성격이 무엇인지를 생각한 다음에 내용을 만들도록 한다. 솔직한 것은 좋지만 '책임감이 없다'거나 '낯을 가려서' 사람들과 친해지기 어렵다는 성격의 단점은 피하도록 한다. 특히 영업직에 지원하면서 '낯을 가린다'는 단점이 있다고 말하는 것은 아직 준비가 되지 않았다고 말하는 것과 같다. 단점을 기술할 때는 '~했지만 ~을 통해 극복했다'는 노력한 과정에 초점을 맞추어야 한다. 그리고 나아진 자신의 모습이 업무에 어떠한 영향을 끼칠 것인지까지 설명하면 단점이 아닌 보완점으로 보여질 수 있다.

아래는 취업에 합격한 자기소개서의 예이나.

성격 및 다른 사람과 구별되는 개성·능력 예

성격 및 다른 사람과 구별되는 개성·능력 '같이'의 '가치'를 아는 예비승무원

㉠ 사람들과 함께 할 때 저의 가치는 더욱 빛나게 됩니다. 대학교 2학년 때, 동아리 원들과 함께하여 어려웠던 동아리 정기공연을 성공리에 마쳐 보았습니다.

㉡ 3학년이 되고 동아리 동기들의 든든한 지지로 동아리 회장이 되었습니다. 하지만 마술경력 1년에 공연 경험 1회인 저에게 동아리의 전체 일정과 당시 가등록 동아리였던 동아리를 정식으로 승격시키기 위한 정기공연은 저에게 먼저 부담감으로 다가 왔습니다. 제 선에서 절대 동아리를 끝낼 수 없다는 책임감으로 동아리를 이끌어 갔고 동기들은 물론 후배들이 저를 믿고 따라주었습니다. 동아리 원들과 머리를 맞대고 포스터와 팸플릿, 티켓을 만들었습니다. 밤늦게까지 공연연습을 하고 서로에게 코멘트를 해주며, 피드백을 해주었다. 힘들기 보다는 그 순간이 즐거웠습니다. ㉢ 누군가와 '같이'한다는 것이 재미있고 즐거웠습니다. 동아리 원과 '같이'하여 즐거웠고 할 일이 축제가 되었습니다. 공연은 성공적으로 끝났고 다음해에 정식동아리로 승격하였습니다.

이 자기소개서는 대학 동아리에서의 에피소드를 중심으로 이야기를 전개하고 있다. ㉠과 ㉢만 있다면 다소 추상적일 수 있지만 ㉡의 내용으로 사실성을 더한다. ㉢에서처럼 정식동아리로 승격했다는 내용은, 나중에 회사에 들어와서도 맡은 바 책임을 다 할 것이라는 믿음을 준다.

❸ 지원동기 및 포부

자기소개서에서 가장 중요한 부분은 <시원동기>와 <포부>이다. 왜 이 회사에 지원했는지, 회사에서 어떤 역할을 하고 싶은지에 대해 구체적으로 기입해야 한다. 면접관들은 이 부분에서 면접질문을 가장 많이 골라낸다고 한다.

'귀사', '이 업무'라는 애매한 단어보다, 회사명, 지원업무에 대한 단어를 정확하게 기입해야 한다. 의지를 더 잘 담기 위해서는 '이 회사에 지원하기 위해 ~준비를 했습니다.', '몇 년 후 ~분야에서 전문가가 되고 싶습니다.', '~한 경험을 통해 ~을 키웠습니다.' 등의 구문을 이용하는 것이 좋다. 아래는 IT업체에 지원해서 합격한 예이다.

자기소개서의 예

지원 동기 및 포부 ㉠<고객의 익스플로러가 되겠습니다>

㉡ ○○○에 입사해서 다음 3가지를 꼭 이루겠습니다.

㉢ 먼저 '새로 고침'이 되는 사람이 되겠습니다. 기후변화가 빠르게 이루어지는 만큼 기후변화 협약을 비롯한 국제회의 및 협약의 주기가 짧아지고 있습니다. 이에 대응하기 위해 국제 동향을 항상 주시하며, 관련법의 제정 및 개정에 대해 항상 새로 고침이 되는 사람이 되겠습니다.

두 번째로 '즐겨 찾기'와 같은 사람이 되겠습니다. 고객사를 비롯해 회사업무를 함에 있어 일회성 도움을 주기 보다는 필요할 때 언제나 도움이 되는 사람이 되겠습니다. 꾸준한 고객사에 대한 피드백으로 고객사들이 필요할 때 찾아 볼 수 있는 즐겨찾기가 되어 향후에 있을 새로운 사업에 대해 긍정적인 영향을 발휘하겠습니다.

마지막으로 '뒤로 가기'를 하는 사람이 되겠습니다. 업무에 관한 스스로의 꾸준한 피드백과 자기계발을 하겠습니다. 컨설팅은 고객을 상대하는 일입니다. 최고의 컨설팅을 위해서는 컨설턴트 스스로 발전하는 사람이어야 합니다. 제가 한 업무의 잘한 점과 못한 점을 항상 기록하며, 앞으로의 업무에 대한 타산지석으로 삼겠습니다. 업무 외에도 여가시간을 활용하여 심리에 관한 다큐멘터리를 시청하고, 책을 읽음으로서 고객의 마음을 읽고 최고의 답변을 해주는 컨설턴트가 되겠습니다.

㉣ ○○○에 입사하여 고객사와 회사 동료들에게 저를 만나면 일이 술술 풀리는 촉매가 같은 인재가 되겠습니다.

이 부분은 지원 동기 및 포부와 관련된 내용으로 ㉠에서는 고객을 향한 마음을 인터넷 익스플로러에 비유하여 궁금증을 불러일으키고 있고, ㉡에서는 입사한 후 다짐하는 내용을 3가지로 정리하고 있다. 일반나열식보다 앞서 어떤 식으로 전개할 것인지 미리 알리면 글의 구성이 탄탄하게 보인다. ㉢에서는 인터넷 익스플로러 여러 기능 중 '새로 고침'과 연관시켜 자신의 능력을 제시하는 내용으로 'Y하여 X가 되고 싶습니다.'의 형식을 보여준다. 그 뒤에도 '즐겨 찾기', '뒤로 가기' 기능도 같은 형식으로 전개하고 있다. ㉣에서는 회사명을 정확하게 하여 입사의지를 담았고, 사회성이 뛰어난 자신의 장점을 내세워 각오를 보이고 있다.

자기소개서를 다 작성했다면, 꼭 프린트하여 글을 읽어보도록 하자. 화면상으로 글을 읽는 것과 프린트해서 글을 읽는 것은 큰 차이가 있다. 화면상에 있는 글은 오타도 잘 보이지 않고 내용도 훨씬 잘 쓴 것처럼 보인다. 오타, 들여쓰기, 맞춤법 오류를 체크하고, 입으로 소리 내어 읽어보자.

03 자기소개서 수정 전후 비교

1° 성장배경

[노아방주의 달팽이처럼][1]

수정 전

1. 자기소개서 첫 시작인데, 밝은 느낌이 없다.
2. 등산을 통해 무엇을 배우고 느꼈는지를 더 구체적으로 보완할 것!
3. 이 기간 동안 얻은 것을 쓸 것! 전반적으로 자신을 더 많이 드러내면 좋을 듯함.

어렸을 때부터 아버지와 함께 등산을 하면서 자연스럽게 산을 좋아하게 되었습니다. 첫 등산에서 빨리 올라가고 싶은 욕심에 처음에만 속도를 냈다가 지쳐서 정상에 가지 못한 기억은 꾸준히 올라가야 한다는 것을 |깨닫게 해주었습니다.|[2] 고등학생 때 삼성전자 299M 램D램 첫 개발,「150억불 수출탑」수상 등 삼성전자의 세계적인 성장을 본 저는 전자과를 목표로 공부했고 |3수|[3]의 수험생활 끝에 수석으로 입학하게 되었습니다.

노아방주의 달팽이처럼   수정 후

어렸을 때부터 아버지와 함께 등산을 하면서 자연스럽게 산을 좋아하게 되었습니다. 첫 등산에서 빨리 올라가고 싶은 욕심에 처음에만 속도를 냈다가 지쳐서 정상에 올라가지 못했습니다. 아버지께서는 저에게 "모든 것은 처음에만 속도를 내는 것이 중요한 것이 아니라 꾸준히 하는 것이 중요하단다."는 말씀으로 [인내와 끈기]¹ 가 중요하다는 것을 가르쳐주셨습니다.

대입수능 실패 후 삼수를 했고 결국 전액장학으로 입학했습니다. [규칙적인 생활과 인내, 그리고 끈기가 없었다면 이룰 수 없었습니다.]² 그리고 군 전역 후 마술동아리에서 공연을 함께 준비하면서 다른 사람들과의 원만한 인간관계를 유지하는 방법을 배웠습니다. 또한 마술을 처음 만나는 사람들에게 보여주면서 자연스럽게 친해지는 방법을 배웠습니다.

1. 단어로 요약해서 자신의 장점은 부각한 것 good!
2. 자신의 장점을 잘 부각시킴! 인내, 끈기, 규칙적인 생활, 인간성까지 잘 드러냄.

    수정 전

우선, 저는 [1999년 7월 2일]¹, 서울에서 태어나 쭉 이 도시에서 서울의 성장과 함께 자랐습니다. 아버지께서는 금융 회사에서 일을 하셨고, 어머니는 고등학교 선생님으로서 학생들을 가르치고, 이렇게 [부모님]²이 맞벌이를 하시는 가정환경에서 자랐습니다. 그래서 어릴 때부터 연년생인 동생을 돌보며 책임감과 독립심이 강해졌고 성장하는데 큰 도움이 되었습니다. 저의 가족은 국내여행을 자주 다니곤 했는데, [아버지가 다니던 회사가 경제적으로 어려움을 겪게 되며]³, 아버지께서는 퇴사 결심을 하시고 새로운 시작을 기약하며 한 달 간의 유럽 배낭여행을 다녀왔습니다. 그 때 다녀온 여행에서 유럽의 문화, 사회, 환경, 역사, 그리고 건축물을 보고 느끼며 세상 보는 눈이 넓어졌고, 상상력과 도전 정신을 향상시킬 수 있는 좋은 경험이었습니다. 또한 제가 24년 간 서울에 살아오면서 유럽의 선진 도시 못지않은, 한 나라의 수도이자 한국의 심장으로서의 공간 '서울'에 대해서 이해하고 공부하고 싶어지는 계기가 되었습니다. [그 후로 역사도시, 서울의 개발과 그 속에서 일어나는 우리의 삶에 대해서 많은 관심을 가져왔고, 결과적으로 이러한 관심들에 기초하여 건축을 공부하기로 결심했고 ○○대학교에 진학하게 되었습니다.]⁴

1. 1980년대식 자기소개서 시작임. 이력서에 있는 내용은 쓸 필요 없음.
2. 부모님의 직업이 꼭 필요한 정보인가?
3. 긍정적인 느낌으로 바꾸자! "가족을 위한 선물" 등으로!
4. 한 문장에 너무 많은 내용을 담으려 하다 보니, 문장 연결과 구성이 어색함. 글 전반적으로 전개가 너무 느림.

Growing up _ "[made in 서울]"

수정 후

1. 서울시에 지원하는 직종의 소제목으로 적합함.
2. 내용 수정 good.
3. 내용은 같지만, 빠른 전개로 읽기는 훨씬 수월함.

저는 이 도시에서 태어나서부터 지금까지 쭉, 서울의 성장과 함께 자랐습니다. 또한 맞벌이를 하시는 부모님을 도와 어릴 때부터 연년생인 동생을 돌보며 책임감과 독립심이 강해졌고 성장하는 데 큰 도움이 되었습니다. 새로운 시작을 기약하며, 퇴사를 하신 아버지는 |가족들을 위해 유럽배낭여행이라는 큰 선물|2을 해주셨습니다. 한 달간의 여행을 통해 문화, 사회, 환경, 역사, 그리고 건축물을 보고 느끼며 세상 보는 눈이 넓어졌고, 상상력과 도전정신을 향상시킬 수 있는 좋은 경험이었습니다. 또한 제가 24년 간 서울에 살아오면서 유럽의 선진 도시 못지않은, 한 나라의 수도이자 한국의 심장으로서의 공간 '서울'에 대해서 이해하고 공부하고 싶어지는 계기가 되었습니다. 그 후로 역사도시, 서울의 개발과 그 속에서 일어나는 우리네 삶에 대해서 많은 관심을 가져왔고, |결과적으로 이러한 관심들에 기초하여 건축을 공부하기로 결심하게 되었습니다.|3

② 성격의 장단점

수정 전

' |장점 + 단점 = 나만의 매력| '

1. 너무 뻔한 내용의 소제목임. 다른 개성 있는 소제목은 없나?
2. 성장배경에 가족이야기가 나올 수 있지만, 성격에 또 등장하면 자칫 부모에게 의존적으로 보일 수 있다. 자기의 이야기 위주로 글을 쓸 것!

제가 내세울 장점은 |아버지께|2 배운 성실성과 부지런함 이 두 가지입니다. 어렸을 때부터 경험들을 통해 생긴 이 습관은 그 누구보다도 자신 있습니다. 이 때문에 저는 지금까지 맡은 일은 끝까지 책임을 지고 성실하고 부지런히 일을 처리해왔고 또한 남들보다 다른 더 나은 방안을 찾기 위해 노력하는 편입니다. 그리고 가장 중요하게 여기는 것이 원만한 대인관계입니다. 군대에서 오랜 기간 분대장을 할 때 분대원의 여러 고충들도 해결하고, 원만한 군 생활을 할 수 있도록 돕고 돈독한 관계를 유지하였습니다. 단점으로는 어떠한 결정을 내림에 있어서 신중하고 실수하지 않도록 하려다보니 시간이

조금 걸리는 편입니다. 하지만 이 일이 신중하고 실수하지 않아야 할 뿐만 아니라 그 상황에 맞는 |신속함이 요하는 만큼 앞으로 훈련을 부지런하고 성실히 하여 이러한 점들을 보안하겠습니다.|3

3. 어떻게 보완할 것인지 구체적으로 써야 함.

 ## 이성적인 해결사
 수정 후

고등학생 때, 친구들과 의기투합하여 영화 제작 동아리를 만들어 활동하였습니다. 영화 촬영 중 한 장면이 어두운 날 학교에서 찍어야 했는데 학교에 부탁을 해도 학생들만 있으면 위험하다며 허락해 주지 않았습니다. 몰래 찍자는 친구들도 있었고, 선생님께 떼를 써보자고 하는 친구들도 있었지만, 저는 학교에서 안 된다고 한 이유를 해결할 방법을 찾으면 된다고 생각하였습니다. 그래서 담임선생님을 찾아가 촬영 때 함께 계셔달라고 부탁드렸고 그렇게 학교의 허락을 받아 영화촬영은 다시 진행되었습니다. |이것 외에도 여러 가지 어려움이 발생 할 때 마다 이성적으로 해결하며 영화를 제작 하였고 친구들과 점차 우정도 깊어졌습니다.|1 이렇게 만들어진 영화는 전국 청소년 영화제작대회에서 당당히 2등을 하였습니다. |이처럼 어떤 순간에 이성적으로 판단하여 결정하고 실행하는 점들이 저의 장점이라고 생각됩니다.|2 어쩔 때는 너무 현실적이고 이성적이어서 정이 없어 보인다고 하며 단점이 되기도 합니다. 그렇지만 |제가 지원하는 대통령 경호분야는 이성적인 판단력과 빠른 두뇌 순발력이 필요한 만큼 저의 이러한 장점들이 제가 경호를 함에 있어서 적합하다고 생각됩니다.|3

1. 문제해결능력, 친구들과의 화합 능력을 돋보이게 함.
2. 실제 사례와 연결시켜 자신의 장점을 돋보이게 함.
3. 지원분야에 적합한 자신을 잘 드러내고 있음.

 ## 대양을 헤엄치는 고래와 같이
수정 전

|저를 동물로 표현하면 고래라고 표현 하고 싶습니다.|1 고래는 지구에서 제일 큰 동물 중 하나 이지만, 먹이는 플랑크톤을 먹습니다. 저는 고래처럼 큰 꿈을 가지고 있지만, 누구를 밟고 올라가거나 이용하여 쟁취하지 않는, 스스로의 노력으로 목표를 쟁취합니다. 그리고 고래는 초음파를 이용해 동료들과 대화를 합니다. 저 또한 성격이 원만하여 동료들과 원만한 관계를 유지

1. 표현하면 ~표현하고 싶습니다. → 이런 문장은 글쓰기 능력이 떨어지게 보임. → 저를 동물로 표현한다면 고래입니다. 등으로

하고 상부상조의 뜻을 실천하며 살아왔습니다.

고래는 먼 거리를 이동합니다. 몸집이 크기 때문에 처음에는 움직임이 상당히 느려 보입니다. 저도 슬로우 스타터라 "처음"이라는 말에 작아집니다. 덤벙대기도 합니다. 하지만 이것은 [앞으로를]² 위한 준비를 많이 하기 때문입니다. 고래는 먼 거리를 꾸준하게, 끈기 있게 이동합니다. [고래와 같이 저도, 목표를 향해 꾸준하고 성실하게 일에 임하여 끝내는 목표를 해내는 대기만성형 인간입니다.]³

2. → 미래를
3. 고래로 비유한 것은 좋으나, 고래 이야기가 너무 많다. 줄일 것!
또한 어떤 업무에 지원하는지 알 수가 없음. 직접적인 말은 하지 않더라도 자연스럽게 연결이 되어야 하는데, 이 부분은 어디에 넣어도 되는 자기소개서임.

 [무엇이든지 배우기를 좋아합니다]¹

영상 촬영 및 편집, 에스프레소 추출, 파스타 만들기 등은 제가 배워보고 싶었던 것들이고, 실제로 이 같은 것들을 배워서 유용하게 사용한 적 있습니다. 책을 통해서 배우는 것이 아닌 실물을 만들고, 직접 경험하면서 그 과정을 즐깁니다. "인생은 배움의 연속이다"가 제 인생관입니다. 이러한 배우는 자세로 임하는 것이 저의 큰 장점입니다.

어떠한 일을 함에 있어서 그것이 옳은 일인가, 지금 내가 택한 길이 최선의 길인가 끊임없이 스스로에게 묻습니다. 그러다가 보면 간혹 지나친 신중함으로 인해 행동력이 부족한 사람처럼 보일 때가 있습니다. [하지만 이러한 점은 끊임없는 시도와 경험으로써 극복 할 수 있다고 확신합니다. 저의 단점을 완벽에 기여하는 장점으로 승화할 수 있도록 노력하겠습니다.]²

1. 소제목에서부터 적극적인 자신의 성격을 잘 드러냄.
2. 단점을 보완하는 자신만의 방법을 제시하면, 단점 또한 장점이 될 수 있다.

③ 지원동기 및 포부

이제 제가 설정한 목표를 향해 [한 걸음 더 걸어가고자 합니다]¹. 로펌이라는 단체는 물론 이익을 추구하는 기업이지만, 정의를 추구하는 법조인의 집단이기도 합니다. 저는 아직 [화합과 평화라는 꿈을 꾸고 있고]², 당신의 회사에서 그 꿈을 펼치고 싶습니다.

1. 지원동기 및 포부는 자기소개서의 핵심이다! 가장 많은 부분을 차지해야 하는데 4줄로는 포부를 담기 부족하다! 회사명 언급을 해야 관심도가 드러남.
2. 개성 없고, 애매한 내용임. 단지 꿈이라고만 하지 말고 눈앞에 보이는 미래를 그릴 것!

[머리는 차게 가슴은 뜨겁게!]¹

수정 후

[○○법률사무소]²라고 하면 능력 있는 법조인이 모여 있는 법률사무소라는 이미지가 강하게 뿌리박혀 있습니다. 저 또한 그러한 기업 이미지에 맞게 스스로 법 이론에 대한 공부를 꾸준히 하고, 다양한 실무능력을 갖춘 선배님들께 법률적 지식과 노하우를 배워 사건 해결 능력을 체화시켜 나갈 것입니다. 그리고 ○○법률사무소가 세계적인 법률사무소를 지향하기에 외국어 회화 능력을 기르겠습니다. 회사에 출근하기에 앞서 [새벽마다 영어 및 중국어 회화 학원에 다니며 노력한다면]³ 머지않아 그런 능력을 갖출 수 있을 것이라 생각합니다.

○○법률사무소는 이익을 추구하는 영리단체로서 기업적 성격을 가지지만 다양한 공익활동을 통해 정의를 추구하는 법조인의 집단이라는 공익적인 성격도 갖추고 있습니다. 저는 ○○법률사무소의 다양한 공익활동에 적극적으로 참여하여 ['변함없는 헌신과 봉사'라는 회사의 이념]⁴을 실천해 나가겠습니다. 특히 이주노동자를 위한 무료변론 활동에 참가하여 ○○법률사무소가 세계적으로 존경받는 기업이 되는 데에 보탬이 되고 싶습니다.

능력 있는 봉사자, ○○법률사무소가 요구하는 인재가 여기 있습니다. [항상 엔진을 켜두겠습니다.]⁵

1. 내용을 한 줄로 잘 요약함.
2. 회사명을 언급해야 지원자가 이 회사에 얼마나 관심 있는지가 드러남.
3. 지금 부족한 부분을 채우겠다고 다짐하는 것 good!
4. 회사의 이념을 자연스럽게 자신의 의지와 연결시켰음.
5. 건강한 신입사원의 느낌으로 훨씬 성의 있게 느껴짐.

수정 전

중학교 3학년 때부터 제 꿈은 쭉 [공무원]¹이었습니다. 그리고 고등학교 3년 내내 그 꿈만을 바라보고 공부한 결과 1차 목표로 했던 ○○대학교의 도시행정학과에의 입학도 이루어냈습니다. 이제부터는 [전공에 대해 배워 나가고, 학술 소모임에서의 도시문제에 대한 보다 심층적인 탐구를 통해 꿈을 위해 준비해나가면서]², 저의 최종 목표인 행정고시에 합격하기 위해 노력할 것입니다. 그리고 제가 공무원이 된다면 책임감 있는 제 성격과 꿈에 대한 열망, 도시전문가를 육성해나가는 도시행정학과의 특성을 백분 활용 하여 살기 좋은 도시, 시민들을 위한 [도시를 만들어나가기 위해]³ 최선을 다할 것입니다.

1. 어떤 분야의 공무원?
2. 전공? 소모임? 탐구? => 어느 하나 구체적인 내용이 없다!
3. 어떻게 만들고 싶은가? 전체적으로 좋은 말은 많이 썼으나, 설득력 부족함.

[Lovely Seoul][1]

수정 후

중학교 3학년부터 제 꿈은 변함없이 공무원이 되는 것이었습니다. 고등학교 3년 내내 그 꿈만을 바라보고 공부한 결과 1차 목표로 했던 ○○대학교의 도시행정학과 입학도 이루어냈습니다. 대학생활을 하고, 전공수업을 들으면서 공무원이었던 제 꿈은 더욱 구체화되었습니다. 특히 ['인간을 위한 도시 연구회'라는 소모임 활동과 '대도시 공공문제론'이란 전공 수업을 통해][2] 서울시의 여러 가지 공공문제를 탐구해나가면서 서울시의 복지에 관심을 갖게 되었습니다. 저의 최종목표는 서울시청 복지국의 공무원이 되는 것입니다.

저는 [e-mail 주소에 서울 시민을 뜻하는 'Seoulite (서울라이트)' 라는 단어가 들어가 있을 정도][3]로 서울시민으로서의 자부심을 가지고 있으며, 서울 시민을 위해 일하고 싶은 열망을 가지고 있습니다. 이러한 꿈에 대한 열망과 책임감 있는 성격, 도시전문가를 육성해나가는 도시행정학과의 특성을 백분 활용하여 살기 좋은 도시, 시민들을 위한 도시를 만들어나가기 위해 최선을 다할 것입니다. 또한 서울의 모든 시민들이 경제적 격차나 차별 없이 행복하게 생활할 수 있는 환경을 만들 수 있도록 힘쓸 것입니다. [최종적으로는 균형발전과 시민화합을 통해 시민들이 서울을 고향으로 사랑하는 Lovely Seoul을 만들기 위해 노력할 것입니다.][4]

1. 서울시 슬로건을 소제목으로 이용. good!
2. 구체적으로 잘 기입함.
3. 지원한 곳에 대한 관심과 의지가 느껴짐.
4. 서울을 사랑하고, 서울시를 위해 일하고 싶은 마음이 잘 드러남.

수정 전

부지런하다고 해서 잘 할 수 있다고 생각하지 않습니다. 노력한다고 모든 것이 된다고 생각하지 않습니다. 부지런함은 지혜가 뒷받침됨으로써 더욱 빛난다고 생각합니다. 그 지혜와 성실로 꿈을 위해서 끊임없이 정진해 나가겠습니다. 저에게 꿈을 펼쳐 보일 수 있는 기회를 한번 주신다면 열과 성을 다해 회사의 기대에 부응 할 수 있는 인재가 될 것을 약속드립니다.

1. 들여쓰기 지킬 것! 이 내용 어디에도 어떤 직업을 원하는지, 어디에 지원했는지 알 수가 없다. 이어지는 문장에서도 부지런함, 지혜, 성실이라는 추상적인 단어들 뿐임.
2. 내용을 추가하여, 구체적이고 현실감 있게 다시 써볼 것!

[Alpharising - 서로 다른 세상이 모여 더 나은 세상을 만들다][1] 수정 후

'서로 다른 세상이 모여 +@되는 세상을 만들다'라는 뜻의 Alpharising의 단어 뜻과 같이 저는 ○○텔레콤 법무팀에 있어서 Alpharising 될 수 있는 능력과 준비가 되어있다고 감히 [확신하고 있습니다.][2] 저의 법무팀 합류는 비단 법무팀 뿐만이 아닌 ○○텔레콤 전체로서도 창조적이고 긍정적인 에너지로 작용할 거라 믿습니다.

현재 통신 분야는 기술 발전의 속도가 예측할 수 없을 정도로 빠르게 진행되어 신기술에 대한 지적재산권의 확보는 무엇보다 필수적일 것입니다. 또한 기업 간, 외국 간의 지적재산권의 분쟁은 그만큼 비일비재하여 기업 발전에 그 분쟁의 바람직한 해결을 위한 대응책 마련에 힘써야 한다고 판단됩니다. 그러한 이유로 저는 법학 전공의 장점을 십분 살려 지적재산권 지식을 구비한 인재로서 ○○텔레콤 법무팀 지적재산권 분야에 지원하게 되었습니다.

[입사한 후에도 특허법 부분의 학습을 게을리 하지 않을 것이고][3] 외국회사와의 잦은 분쟁이 예상되는 지적재산분야이므로 외국어 학습을 틈틈이 꾸준히 진행할 예정입니다. 이러한 저의 노력과 지혜와 성실을 무기로 삼아 ○○맨으로서의 꿈을 위해서 끊임없이 정진해 나갈 것입니다. 저에게 그 꿈을 펼쳐 보일 수 있는 기회를 주시지 않으시겠습니까?

1. 해당 회사의 슬로건을 소제목으로 이용함.
2. 자신감 있게 전달하고 있음. good.
3. 입사 후에도 외국어, 특허법 관련 학습을 하겠다는 '노력하는 자세'를 보여주고 있음. 해당 분야에 대한 지식이 많은 느낌을 줌.

Tip!

HWP 한글문서 작성

HWP 한글문서로 자유형식 입사서류를 작성할 때 유의할 사항을 살펴본다. 많은 정보가 있다고 해도 이력서는 1장 이내에 깔끔하게 작성하기 위해서는 [쪽여백]을 조절하거나, [글자모양]에서 [장평], [자간] 조절한다.

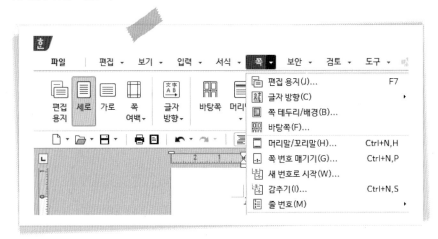

⏻ 머리말
문서 작업할 때 머리말이 들어가 있으면, 깔끔히고 정리가 잘 된 느낌을 줄 수 있다. 일반적으로 문서의 출처나 문서의 사용 용도에 대해서 기입하는 용도로 사용한다. 대체로 작성자와 해당 문서의 목적을 기입하고, 한 줄로 핵심 내용을 쓴다. [쪽->머리말] 선택 후 홀수쪽/짝수쪽을 따로 작성하여 홀수와 짝수 쪽을 다르게 만들기도 한다. 머리말에 표를 활용하여 칸을 나누면 깔끔하게 정보를 전달할 수 있다.

⏻ 쪽번호
2장 이상의 문서를 작성할 때는 각 페이지를 나타내는 쪽수를 표시해야 구분하기 좋다. 쪽수가 있다면 그 번호를 보고 해당 페이지를 찾아서 볼 수 있다. 한글파일 상당의 [쪽->쪽번호 매기기]를 선택하고, 모양과 위치를 선정하고 넣기 버튼을 누른다.

⏻ 들여쓰기
문단 첫 줄을 몇 칸 비우고 글을 쓰는 방식으로, 문단의 새 시작을 알 수 있다. 왼쪽을 똑같이 쓰면 문단 시작을 알 수 없어서 오른쪽으로 이동해서 글 작성을 시작한다. 자음과 모음이 결합하여 한 글자가 만들어지기 때문에 스페이스 바 2번을 들어서 쓰는 경우가 많다.

⏻ 단락 나누기
글이 너무 길면 가독성이 떨어진다. 주제나 내용의 방향이 달라질 때 단락을 나누는 연습이 필요하다. 한 단락에 하나의 이야기만 담는 연습을 해보자. 글을 다 쓰고 입으로 소리 내어 보면 비문이나 긴 문장은 어색하다는 느낌이 들 것이다.

생각해 봅시다

 이력서를 쓸 때 빈 칸이 많다면, 어떤 부분을 더 채울 수 있을까? 2년 후 장기계획을 세워 '미래의 이력서'를 작성해보자.

입 사 지 원 서(수업연습용)

※ 지원회사명:		지원분야:	
이 름		이메일	

학력사항					
년. 월	학교명/졸업여부		전 공	학 점	소재지

교내외 활동				
활동명	직급	근무/활동기간	주요업무	

전산실무능력	한글			엑셀			파워포인트			취미	
	상	중	하	상	중	하	상	중	하		
										특기	

자격및면허	등 급	취득일자	발급처	자격내용

공모실적및기타활동사항	공모전/봉사활동/기타경력	기간	주요 업무

년   월   일   (지원자)   (인)

1번 문항에서 생각나는 내용을 다 적었다면, 이제 확장시켜보자. '가족-대가족-3명의 누나-다 성격이 다름-여자의 마음을 잘 이해-코스메틱회사에 들어가는 데에 좋은 성격' 등으로 점점 크게 만들 수 있다.

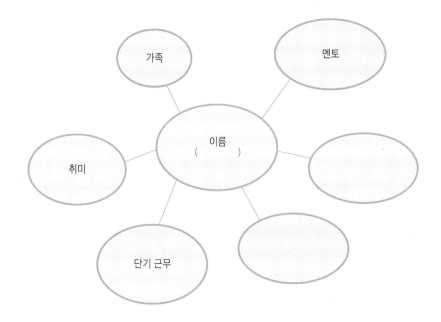

Q3 자기소개서를 쓰기 위해서는 다양한 스토리가 필요하다. 아래 칸에 있는 경험들을 모두 작성해보자.

가족 관계	영향을 준 인물
취미	특기
동아리 활동	봉사 활동
박람회/행사 관람	공모전/대회 참가
학업 관련	외부 교육프로그램
실습 활동	단기 근무
멘토	그 외 특별한 경험

Q4 아래 문장 중에서 맞춤법 표기가 잘못된 부분, 중복표현이 사용된 부분, 문어체가 아닌 부분을 찾아보자.

1. 이 회사의 인턴사원으로써 열심히 일했습니다.

2. 인턴사원으로 열심히 일하므로써 제 역할을 다 했습니다.

3. 어릴 때부터 어머니께서는 제가 잘 돼면 좋겠다고 항상 말씀하셨습니다.

4. 부모님은 모든 면에서 제가 존경할 수 있는 사람이었습니다.

5. 무대뽕 정신만이 살 길이라 생각합니다.

6. 프로젝트를 하면서 그 사태를 미리 예견하였습니다.

7. 아버지와 함께 높은 고지에 올라 하늘을 보았습니다.

8. 저는 혼자 독학으로 ○○대학에 들어갔습니다.

9. 저희 프로젝트는 전국대회까지 진출하여 아주 좋은 호평을 받았습니다.

10. 저는 제 성격이 내성적인 것이 싫었습니다. 그리하여 친구들과 어울려 운동을 하면서 외성적인 성격을 기르려고 노력하였습니다.

11. 어릴 적 저는 유난히 주위가 산만한 학생이었습니다.

12. 제가 대학에 수석으로 입학한 것은 어려운 가정환경에도 굴하지 않고 꾸준히 노력한 탓입니다.

13. 나이가 작은 사람들과 작업을 하다 보니 그들만의 장점이 있다는 점을 알게 되었습니다.

14. 그 당시는 어의가 없었지만, 곰곰이 생각해보니 제 잘못도 있었습니다.

15. 한국인과 외국인은 피부색이 틀린 것으로 생각하고 있었습니다.

16. 중학교 때까지는 공부를 열심히 않했습니다.

17. 지원동기는 뼈속 깊숙하게 자리 잡은 스포츠에 대한 사랑

18. 평소부터 쾌할한 성격으로 남에게 의지하기 싫어하던 저는,

19. 조금은 더 전문인이 될려고 국문학을 전공하게 되었고, 먼저 부딪쳐 해결할려고 하는 끈기와 책임감을 갖게 되었습니다.

20. 아이들과 더 긴 시간을 보낼 수 있었음하고 생각하게 되었고

21. 그 일을 어떻해 해결해야 할지 고민했고 일주일 후 어떡할지 결정을 내리게 되었습니다.

22. 돈을 버는 데로 회사 가까운 대로 이사할 계획입니다.

23. 이 회사로 오고 싶다고 첨부터 생각했던 것은 아닙니다.

24. 이외에도 몇일간 행사 동안 리더로 참여했습니다.

25. 저와 제 동생은 연연생으로 태어나 친구처럼 지냈습니다.

26. 거리가 얼마나 될지 가름해 보았지만, 예상과는 달랐습니다.

27. 저는 학생들을 잘 가리치는 영어선생님이 되는 것입니다.

28. 공모전에 입상했을 때 하늘을 날라가는 기분이었습니다.

29. 5년 간 키운 개가 새끼를 나았는데, 어미개가 몸이 낳지를 않아 병원에 데려갔습니다.

30. 그 책은 제가 읽든 책입니다. 동생이 오던 말던 저는 떠났습니다.

31. 선생님은 교실문을 꼭 잠가야/잠궈야 한다고 당부하셨습니다.

32. 정답 맞히기/맞추기 대회에 우승을 한 경험이 있습니다.

33. 오랜만에/오랫만에 선생님을 만났을 때 일입니다. 오랜동안/오랫동안 연락을 하지 않았는데

34. 구지/궂이/굳이 휴학을 할 필요는 없었지만, 그만큼 간절했습니다.

35. 중학교를 다닐 때는 무리/물의를 일으키며 살았지만, 그 일로 저는 180도 달라졌습니다.

36. 학창시절 항상 이어폰을 꼽고/꽂고 버스에서 음악을 듣는 것이 큰 즐거움이었습니다.

37. 총무팀에 대금과 관련된 서류 결재/결제를 올렸더니, 하루 만에 바로 대금을 결재/결제할 수 있었습니다.

38. 미래지양적인/미래지향적인 사고방식은 아주 중요하기에, 무모한 도전은 지양/지향하고 있습니다.

MEMO

Chapter
06

면접 유형별 전략 및 이미지메이킹

면접의 종류 및 대응방법

면접의 종류

주요 기업들은 인재를 채용할 때, 서류전형, 인성과 적성검사, 면접을 실시하는데, 이 중에서도 면접을 가장 중요시 여긴다. 기업들은 팀장과 임원, 그리고 대표이사 면접 등 두세 차례 면접을 실시하고 이를 통해 개인의 인성, 자질, 창의성, 조직과의 융화, 업무능력들을 측정한다.

최근에는 해결해야 할 과제를 사전에 부여하고 도출된 결론을 면접관 앞에서 발표케 하는 프레젠테이션 면접을 도입하는 기업이 늘고 있다. 따라서 면접이란 서류상으로 잘 드러나지 않거나 확인이 필요한 개인의 능력을 검증하고, 필요한 직무분야와의 적합성, 지원자의 인성, 적성이 회사의 조직문화와 잘 맞는지 여부를 검증하는 과정이라고 볼 수 있다.

(1) 단독면접

응시자 한 사람을 불러 면접위원 한 명이 개별적으로 질의응답하는 방법이다. 시간이 많이 걸리고 면접위원의 주관이 작용할 수 있다는 단점이 있으나, 한 사람을 조목조목 알아내는 데는 좋은 방법일 수도 있다. 또한 1:1로 마주하기 때문에 필요 이상의 긴장이 될 수도 있겠지만 자신의 품성과 전문지식을 충분히 발휘할 수도 있다.

(2) 개별면접

다수의 면접관이 한 사람의 지원자를 대상으로 질문과 응답을 하는 형태의 면접

방식이다. 면접관이 여러 명이므로 다각적인 질문이 나올 수 있고, 이를 통해 지원자의 다양한 측면을 알아낼 수 있다.

(3) 집단면접

집단면접이란 면접관 여러 명이 지원자 여러 명을 한꺼번에 평가하는 방식이다. 지원자가 많은 경우, 면접 시간을 단축시킬 수 있고 응시자들을 비교평가 할 수 있다는 장점이 있는 반면에, 앉은 순서에 따라 불이익을 당할 수 있다는 단점도 있다.

(4) 토론면접

집단토론면접은 여러 명의 지원자들(5~8명)에게 일정한 주제나 내용을 제시하고 여기에 대한 토론을 벌여 면접관들이 발언의 내용이나 토론자세 등을 평가하는 방식이다. 이러한 면접방식은 응시생의 이해력, 협조성, 판단력, 표현력 등 종합적인 태도와 능력을 확인할 수 있다. 조원이 모두 참여해야 하기 때문에 시간조절이 중요하다. 자신의 주장만을 앞세워 시간을 많이 사용한다면 면접관에게 점수를 얻기 힘들다. 남의 의견을 들을 때도 고개를 끄덕이거나 잘 들었다는 메시지를 전하면 포용력이 넓은 사람으로 보일 수 있다.(준비시간 10분, 찬반토론)

(5) Presentation 면접

Presentation 면접방식은 직군별로 발생할 수 있는 사안을 중심으로, 구체적이고 시사적인 주제에 대해 지원자가 자신의 의견, 경험, 지식 등을 발표하는 방식이다. 면접절차는 여러 주제 가운데 하나를 택해 지원자가 자신의 견해를 정리한 후 면접위원들과 다른 지원자들 앞에서 발표하는 방식으로 진행되며 한 지원자의 발표가 끝나면 그 내용에 관한 질의응답이 이어지게 된다.(준비시간 30분, 발표시간 5~10분)

(6) 기타 특수 면접

합숙을 하면서 1박2일 동안 지원자의 협동심과 평소 습관을 파악하는 면접도 있다. 이때는 음주면접, 식사면접도 포함될 수 있으니 과음을 한다거나 개별행동은 피해야 한다. 음악 감상 면접에서는 자신의 생각을 글로 풀어내는 능력을, 축구면접에서는 단결력과 양보심을, 요리면접에서는 창의력을 보여주어야 한다. 문서 시뮬레이션 면접은 어떤 상황이 적힌 종이를 받고, 그 조건 하에서 문제를 어떻게 해결할 것인지를 작성한다. 이 면접은 업무의 순서 배열, 일처리 감각 등을 파악하기 위해서라는 것을 기억하자.

언택트 면접

2020년 코로나19 발현 이후 주요 대기업을 시작으로 화상면접, 온라인 필기시험이 등장했다. 비대면 채용은 당분간 이어질 것으로 보인다. 이에 대비해서 화상면접 환경에 익숙해질 수 있도록 자연스러운 시선으로 바라보기, 두괄식으로 요점만 말하기, 상반신 위주의 적절한 제스처를 사용하기 등의 연습이 필요하다.

② 면접 정보 수집하기

인터넷 검색을 통해 면접에 대한 개요 및 내용에 대해 확인할 수 있다. 그 내용으로는 면접 차수 및 형태, 면접내용, 소요시간과 함께 간단한 면접 질문에 대한 확인이 가능하다. 해당기업에 대한 정보를 수집하고 나서 면접을 준비한다면, 맞춤형 취업준비를 할 수 있을 것이다.

2020. 08. 12. 한국경제 기사 중

'코로나 절벽' 뚫을 4가지 취업 키워드는 …

LG전자 한국영업본부는 지난달 신입사원 채용공고를 별도로 냈다. 기아자동차는 품질 부문에서 일할 신입사원을 뽑고 있다. 과거와 같은 '공채'가 사라진 것이다. 대규모 공개채용 대신 수시채용으로 인재를 선발하는 기업이 늘고 있다. 신종 코로나바이러스 감염증(코로나19) 사태로 채용 규모는 더욱 줄었다. '취업절벽 시대'라는 말까지 나온다.

수시로 채용이 이뤄지다 보니 까다로운 직무 조건 등 따져봐야 할 게 적지 않다. 어떻게 대비해야 할까? 기업 인사담당자들은 "디지털 트랜스포메이션 시대에 코딩 능력은 필수"라며 "자신만의 전문성을 드러낼 수 있는 자격증, 인턴 경험, 산학협력 프로그램 등을 통해 취업 경쟁력을 갖춰야 한다"고 강조한다.

코로나19로 확 달라진 면접에도 대비해야 한다. 삼성전자는 올 상반기 신입사원 채용 시 DS(디바이스솔루션)부문에서는 창의성 면접을 없앴다. 면접시간도 직무역량, 임원면접 각 30분으로 진행했다. SK텔레콤은 기존의 1박2일 합숙면접을 온라인 화상면접으로 대체했다. 대림산업도 신입사원 채용의 모든 과정을 온라인으로 진행했다.

구직자들은 이런 면접 방식의 변화 때문에 자신의 장점을 제대로 보여주지 못하게 될 것을 염려한다. 양동철 SK수펙스추구협의회 HR지원팀 프로젝트리더는 "화상면접 시대에는 외모, 말투보다는 지원자의 가치관이나 생각이 더 중요하다"며 "평소에 자신의 생각을 정리하고 표현하는 연습을 해둬야 한다"고 말했다. 취업 사이트 사람인에 따르면 기업들은 면접시간과 단계 등을 축소했지만 '직무수행 능력' '태도와 인성' '성실함과 책임감' '소통능력' 등의 역량을 더욱 비중 있게 평가하고 있는 것으로 나타났다.

(한국경제 = 공태윤 기자)

https://www.hankyung.com/society/article/2020081216541

예의 있는 인사, 밝은 첫인상

 면접장에서의 자세

　서류전형 통과 후 면접 일정이 정해지면 준비해야 할 것이 많아진다. 자기소개, 예상답안 준비, 면접 의상 구입 등으로 눈코 뜰 새 없이 바쁘겠지만, 자신이 바른 자세를 갖추고 있는지도 점검해보아야 한다. 왜냐하면 면접장에 들어와 자리에 서 있을 때의 첫인상만으로 당락이 결정될 수 있기 때문이다. 답변을 할 때 몸짓이 산만하거나 다리를 흔드는 것, 움츠린 자세는 면접관에게 부정적인 인상을 줄 수 있다. 자세는 상대에 대한 예의로 받아들여지기도 하며 상대가 나를 평가하는 기준이 되기도 한다.

　먼저 등과 가슴을 자신 있게 쭉 편다. 팔은 자연스럽게 내리되, 여성은 오른손을 위로하여 앞으로 모으고, 남성은 바지 재봉선 옆에 손을 내려 차렷 자세를 유지한다.

그 다음 시선처리를 잘 해야 한다. 면접관과 자연스럽게 눈을 맞추어야 하는데, 너무 뚫어지게 쳐다보면 공격적으로 보일 수 있기 때문에 대화 도중에 가끔 시선을 다른 곳으로 옮겨주이야 한다. 눈, 미간, 콧등 사이를 자연스럽게 번갈아 본다면, 면접관은 자신을 바라본다고 느끼면서도 거부감을 가지지 않게 되어 더 귀를 기울이게 될 것이다.

앉아서 면접을 보게 되면, 앉고 일어서는 것까지 신경을 써야 한다. 어깨 너머로 의자를 보며 의자 반 보 앞에 선 후, 치마나 바지가 흐트러지지 않게 앉는다. 여자는 무릎과 발끝을 붙이고 손을 모아 무릎 위에 놓는다. 남자는 무릎을 어깨넓이로 벌리고 양손은 주먹을 가볍게 쥐어 무릎 위에 놓는다.

② 면접장에서의 태도

흔히 면접은 면접관의 질문에 답하는 것이라고 생각하지만, 실제로는 지원회사에 들어서는 순간부터 면접이 시작된다. 엘리베이터를 인사담당자와 함께 타게 될수도 있기에 주의를 해야 하고, 복도에서 시끄럽게 떠드는 행동은 삼가야 한다. 그렇다면 면접에서의 주의사항을 알아보도록 하자.

❶ 면접 시간을 잘 지키자. 지각을 하게 되면 '약속을 안 지키는 사람', '시간 관리를 못하는 사람'으로 인식된다. 인터넷으로 회사 위치와 시간을 미리 확인하고 대중교통을 이용하도록 한다.

❷ 밝은 인상으로 긍정적인 느낌을 주자. 복도, 엘리베이터에서 마주치는 모든 사람들이 면접에 영향을 끼칠 수 있다는 생각으로 사람들에게 밝은 표정으로 인사를 해보자. 긴장완화는 물론, 좋은 첫인상을 남길 수도 있다.

❸ 대기실에서는 차분히 생각을 정리한다. 전화 통화나 다른 지원자들과의 수다는 사회인으로서 준비된 자세가 아니다. 대기시간이 길 때는 신문의 경제, 사회면을 보며 면접질문을 대비하자.

❹ 자신의 순서에 이름이 불리면 짧게 대답하고 들어가도록 한다. 순서가 다가오면 자리를 비우지 않고 차례를 기다려야 한다. 인사에 대한 특별한 지시가 없다면 수

험번호+이름을 말하고 면접관에게 인사를 한다. 지원회사에 도착해 면접관을 만나기 전까지 이 짧은 시간 동안 무심코 한 행동도 평가되고 있다는 것을 기억하자.

③ 첫인상의 중요성

얼굴표정은 자신의 심리 상태, 감정과 태도를 나타내는 것이기 때문에 이미지 형성과 대인관계에 있어 지대한 영향을 끼친다. 사람들은 첫인상을 빠른 시간 내에 받는다. 접촉하자마자 몇 초 이내에 적대적이거나 위협적인 느낌을 받게 되는가 하면, 깊은 호감을 받을 수도 있다. 목소리의 음색과 강약, 개인적인 습관, 복장, 얼굴 표정, 머리모양 등등에서 첫인상과 이미지가 형성된다. 현명한 사람은 접촉해야 할 상대가 누구냐에 따라, 그 대상이 가지고 있는 외관에 대한 취향과 기준을 먼저 이해하고 그 기준에 부합되는 자신의 모습을 연출하려고 노력할 것이다.

(1) 호감 가는 표정 만들기

첫인상은 한 사람에 대해 첫눈에 느껴지는 마음의 느낌을 말하는데, 이러한 첫인상은 빠르면 3초 이내, 늦어도 4분 안에 결정된다고 한다. 첫인상이 좋지 않을 때 다시 좋은 인상으로 바꾸려면 적어도 연속해서 7시간 내지 40시간을 투자하고 노력해야만 회복할 수 있다는 실험결과가 있다. 첫인상이 중요한 것은 이렇게 단 한 번의 잘못이 오랫동안 기억 속에 남기 때문이다.

얼굴 표정 관리를 통해 첫인상을 상대에게 좋게 심어 놓으면 서로 간에 신뢰가 형성되어 좋은 관계를 계속 유지할 수 있다. 그러므로 좋은 첫인상은 우리를 성공의 지름길로 안내할 것이다. 좋은 첫인상의 시작은 부드러운 눈빛으로 얼굴에는 미소를 보이는 것부터 시작된다. 참고할 것은 시간, 장소, 상황에 맞는 얼굴 표정을 짓는 것이다.

❶ 눈썹 주위 근육 풀기
눈썹에 살짝 닿을 정도로만 양손 검지를 올려 눈썹을 가린다. 거울을 보고 검지 위로 눈썹이 올라오도록 만든다.

Tip

첫인상의 특징

신속성, 일회성, 일방성, 연관성

메라비안 법칙

한 사람이 상대방으로부터 받는 이미지는 시각적 정보 55%(외적으로 보이는 부분: 생김새, 용모, 복장, 표정, 제스처 등), 청각적 정보 38%(언어의 품질: 목소리 톤, 음색 등), 언어적 정보 7%(말의 내용)에 이른다는 커뮤니케이션 이론이다.

❷ 눈 훈련

반짝반짝 빛나는 눈빛을 만들기 위해서는 시선 처리도 중요하다. 눈을 감고 양손으로 눈을 지그시 누른다. 눈을 뜬 다음, 눈동자를 오른쪽 → 왼쪽, 위 → 아래, 시계방향으로 회전시키고, 시계반대방향으로도 회전시켜본다. 다시 눈을 감고 양 손으로 지그시 눌러준다. 이를 3~4번씩 반복한다.

❸ 입 훈련

이마 사이로 복이 들어오고 코를 타고 복이 내려와 입으로 받는다는 말이 있다. 만약 입꼬리가 처져 있다면 복이 다 흘러내려버릴 것이다. 입꼬리는 올리면 긍정적이고 밝은 인상을 전할 수 있다. 입을 크게 벌려 '아 - 에 - 이 - 오 - 우'를 반복한다. 입에 공기를 잔뜩 넣어 입을 꼭 다문다. 오른쪽으로 한번, 왼쪽으로 한번 공기를 이동하고 난 뒤, '이'하며 소리를 내면서 입꼬리를 올리며 10초간 멈춘다. 오랜 시간 습관 때문에 경련이 일어나거나 삐뚤게 입꼬리가 올라가는 경우가 있는데, 거울을 보고 매일매일 연습을 하면 훨씬 자연스러워질 것이다.

공식적인 자리에서는 공수(拱手)자세를 한다. 전통적으로 남자는 양(陽)-동쪽, 여자는 음(陰)-서쪽을 뜻한다고 하는데, 이는 사람이 태양을 바라보고 섰을 때 왼쪽은 동쪽, 오른쪽은 서쪽이 된다고 해서 손을 모을 때는 남자는 왼손을 위로 포개고, 여자는 오른손을 위로 하여 공수를 해야 한다. 바른 자세에서 나오는 인사는 그 사람을 더욱 빛나게 할 것이다.

④ 면접장에서의 인사

인사를 시작하기 전 서 있는 자세도 중요한데, 등과 가슴을 자신 있게 쭉 펴고 아랫배에 힘을 준다. 남자의 경우 팔은 자연스럽게 내려 양손을 가볍게 쥐고 바지 재봉선에 붙인다. 여자는 오른손을 위로 향하게 하여 앞으로 모은다. 면접관이 앉아 있다면 고개를 살짝 숙이도록 하자.

일반적인 인사에서 남자는 손을 바지 옆 재봉선에 대고, 몸을 숙일 때 손이 바지 재봉선에서 떨어지지 않게 유의한다. 이 자세가 어색하다면 인사할 때만 두 손을 모아도 가능하나, 어떤 자세가 자신에게 자연스러운지 미리 파악할 필요가 있다. 여자는 오른손이 위로 올라오는 공수자세로 한 뒤 인사를 하고, 몸을 숙일 때는 손을 자연스럽게 아래로 내린다. 발뒤꿈치를 붙인 상태에서 시계 11시 5분 정도가 되게 벌린다. 상체를 숙일 때 시선을 발끝에서 약 1m 앞에 머물도록 하고 인사 전후로 상대방의 시선에 부드럽게 초점을 맞춘다.

1단계
상대방과 시선을 맞추고, 허리부터 숙인다. 이때 머리와 등, 허리는 일직선이 되어야 한다. 등과 목을 펴고 배를 끌어당기며 허리부터 한 동작으로 숙인다.

2단계
숙인 상태에서 잠깐의 포즈를 두어 절제미를 표현한다.

3단계
굽힐 때보다 천천히 상체를 들어 올린다. 이때 머리와 등, 허리를 일직선으로 하여 올라온다.

4단계
상대방과 다시 시선을 맞춘다.

다양한 이미지 이론

① 초두효과(Primacy Effect)

어떤 사람에 대한 초기의 정보가 나중의 정보보다 그 사람에 대한 인상 형성에 더 큰 비중을 차지하는 효과를 말한다. 다시 말해 첫인상을 갖는 데 앞선 정보가 뒤따르는 정보보다 더 큰 영향력을 발휘한다는 것이다.

② 최근효과(최신효과 Recency Effect)

초두 효과와 반대되는 개념으로 다른 사람에 대한 정보 중 나중에 들어온 정보가 먼저 들어온 정보보다 인상형성에 더 중요하게 영향을 미치는 효과이다.

③ 후광효과(Halo Effect)

어떤 사람에 대한 일반적인 견해가 그 대상이나 사람의 구체적인 특성을 평가하는 데 영향을 미치는 현상을 말한다. 상대가 가지고 있는 한 가지 장점으로 다른 특성들도 모두 좋게 평가되거나, 한 가지 단점으로 다른 특성들도 모두 나쁘게 평가되는 것이다.

 나의 이미지 체크하기

내가 생각하는 나는 어떤 이미지인가? 다른 사람이 생각할 때 나는 어떤 이미지로 비춰질까? 헤어스타일, 복장, 표정 등 각각의 특성들로 우리는 다른 사람의 이미지를 판단할 수 있다. 나는 나를 따뜻한 이미지의 사람이라고 생각하고 있는데, 다른 사람에게는 차가운 이미지로 보일 수도 있다. 이러한 이미지는 한번 형성이 되면 오랫동안 기억되는 특성이 있어서 오해를 받게 되기 때문에, 미리 자신의 이미지가 어떠한지, 내가 원하는 회사에는 어떠한 이미지의 사람을 필요로 하는지 미리 알아볼 필요가 있다.

다음은 Good(긍정적인 이미지), Bad(부정적인 이미지)로 나누어 여러 이미지를 나열한 것이다.

Good

도움 주는 / 정직한 / 성실한 / 친절한 / 스마트한 / 고상한 / 밝은 / 유쾌한 / 따뜻한 / 독립심 있는 / 센스 있는 / 세련된 / 힘찬 / 친해지기 쉬운 / 침착한 / 대범한 / 젊은 / 믿음이 가는 / 용기 있는 / 긍정적인 / 재미있는 / 건강한 / 이해심 많은

Good

이기적인 / 우울한 / 친해지기 어려운 / 말이 많은 / 슬픈 / 차가운 / 뒤끝 있는 / 까칠한 / 장난기 많은 / 욕심 많은 / 소심한 / 우유부단 / 눈치 보는 / 자신감 없는 / 무관심한 / 자기중심적인 / 권위적인 / 속도가 느린 / 귀찮아하는 / 의욕 없는 / 명령하는 / 몸이 약한 / 심각한 / 피곤한 / 예민한 / 비판적인 / 속도가 느린 / 고집이 센

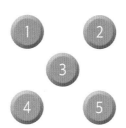

아래 표를 ①②③④⑤와 같다고 생각하고, ③에는 자신의 이름을 적는다. ①에는 자신이 생각하는 긍정적인 이미지를 2개, ②에는 자신이 생각하는 부정적인 이미지를 2개를 적는다. 남은 ④와 ⑤는 다른 사람에게 자신의 첫 이미지를 적어달라고 부탁한다. ④에는 다른 사람이 생각하는 긍정적인 이미지 2개, ⑤에는 다른 사람이 생각하는 부정적인 이미지 2개가 나오게 될 것이다.

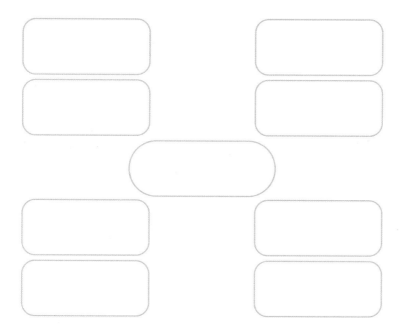

내가 생각하는 이미지와 다른 사람이 생각하는 이미지가 100% 일치하는가? 내가 전혀 생각하지도 않았던 부정적인 이미지가 다른 사람에게는 보인다면, 잘못된 선입견을 주고 이어서 부정적인 평가를 받게 될 수도 있다. 면접에서는 신입사원의 느낌인, 일 잘하고 적극적인 느낌의 이미지를 전달하여 함께 일하고 싶은 사람으로 비춰져야 할 것이다. '나중'이 아니라 '지금'부터 다른 사람에게 보여지는 자신의 이미지에 대해 늘 신경 쓰면서 좋은 이미지를 만들어가는 노력을 해보도록 하자.

면접장에서의 복장

여성 지원자의 단정한 헤어스타일

PART
3

실전 모의 면접

성공적인 취업과
자기역량 강화

Successfull
Employment &
Strengthening of
Ability

Chapter
07

효과적인
면접 스피치

1. 정확한 발음과 발성

2. 스피치를 향상시키는 기술

3. 1분 자기소개 만들기

정확한 발음과 발성

 정확한 발음 훈련

면접관에게 첫인상 다음으로 중요한 것이 전달력이다. 자신의 목소리가 면접관에게 어떻게 들리는지 궁금하다면 녹음을 해보는 것이 좋다. 발음연습이나 뉴스를 연습할 때 녹음을 해도 부족한 부분을 찾을 수 있지만, 평소 자연스럽게 대화할 때 녹음을 하면 자주 쓰는 단어나 표현들까지 파악할 수 있다. 녹음된 자신의 목소리를 처음 들으면 실제 알고 있는 목소리와 달라 낯설게 느껴질 것이다. 평소 자신의 귀에 들리는 음성은 성대의 진동이 두개골에 전달되는 소리와 실제 귀에서 듣는 소리가 합쳐진 것이다.

아침에 통화를 한다거나, 사람들과 대화를 할 때 발음이 꼬이는 경우가 있다. 이는 혀가 덜 풀려서 일어나는 현상인데, 평소에 입 운동뿐만 아니라 혀 운동도 매일 하는 게 좋다. 먼저 혀로 윗니, 아랫니 앞뒤를 다 쓸어내리고, 입안 구석구석을 잇몸 마사지 하듯 움직인다.

그 다음 입을 최대한 크게 벌리고 '아, 에, 이, 오, 우'를 소리내본다.

[발음 연습표]를 읽어보자. '가! 나! 다! 라!' 순서로 큰 소리로 끊어 읽는다. 왼쪽에서 오른쪽으로, 위에서 아래로, 사선으로 읽는다.

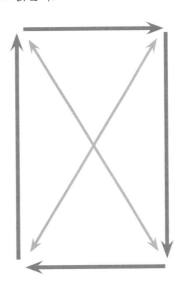

오른쪽에서 왼쪽으로 읽어본다.

기-그-규-구-교-고-겨-거-갸-가

받침을 넣어 읽어본다.

갈-날-달-랄-말-발-살-알-잘-찰-칼-탈-팔-할

다음의 어려운 문장을 처음에는 천천히 또박또박, 나중에는 점점 속도를 빠르게 연습해 본다.

> 간장 공장 공장장인 강 공장장과 된장 공장 공장장인 공 공장장이 서울특별시 특허 허가과 허가과장 허과장을 만났습니다. 강 공장장과 공 공장장, 허과장은 고려고 출신인데, 고려고 교복은 고급원단을 사용하기로 유명합니다.

> 신춘 샹송쇼를 샹그릴라 호텔에서 연 신진 샹송가수 송순수씨가 저기 저 미트 소시 지 소스 스파게티는 깐쇼새우 크림소스 소시지 소스 스테이크보다 비싸다며 단식 에 들어가 호텔의 빈축을 사고 있습니다.

> 저기 저 두 분은 백 법학박사와 박 법학박사입니다. 백 법학박사는 "저기 있는 말뚝 이 말 맬 말뚝이냐, 말 못 맬 말뚝이냐."에 대해, 박 법학박사는 "들의 콩깍지는 깐 콩깍지인가 안 깐 콩깍지인가. 깐 콩깍지면 어떻고 안 깐 콩깍지면 어떠냐. 깐 콩깍 지나 안 깐 콩깍지나 다 콩깍지인데."라며 대화를 이어나갔습니다.

> 헌 상품을 새 상품으로 만들어내는 상장사가 저기 가는 상장사가 새 상 상장사냐 헌 상 상장사냐고 소리를 질러 지나가던 신실신씨가 소스라치게 놀랐다고 합니다.

> 김기란 씨가 "내가 그린 기린그림은 긴 기린그림이고 네가 그린 기린그림은 안 긴 기린 그림이다."라고 주장하자, 강고린 씨는 "내가 그린 구름그림은 새털구름 그린 구름그 림이고, 네가 그린 구름그림은 깃털구름 그린 구름그림이다."라고 답변했습니다.

러시아의 대표적인 음악가 세르게이 라흐마니노프 탄생 140주년 기념 공연에 피터 오브차로프, 아비람 라이케르트, 미로슬라브 꿀띠쉐프가 연주에 참여했습니다.

영희가 토끼통을 가져오라고 했는데, 작은 토끼 토끼통 옆에 있는 큰 토끼 토끼통을 가지고 오라는 건지, 큰 토끼 토끼통 옆에 있는 작은 토끼 토끼통을 가져오라는 건지 모르겠습니다.

Tip

복식 호흡으로 연습하면 더 깊고 건강한 목소리가 나온다. 흉식 호흡이 숨을 쉴 때 어깨와 가슴이 동시에 올라간다면, 복식 호흡은 배만 앞으로 나오게 된다. 어깨너비로 다리를 벌리고, 두 손을 자신의 배 위에 살짝 올린 상태에서 코로 숨을 들이 마신다. 이 때 배가 불룩하게 나와야 한다. 잠시 멈추고 입으로 길게 숨을 내어 뱉는데, 숨을 들이 마신 시간보다 내뱉는 시간이 길어야 효과적이다. 이때 배는 점점 들어가게 된다. 연습을 하다보면 멈춘 시간, 내뱉는 시간이 점점 길어지는 것을 느끼게 될 것이다.

② 표준 발음법 이해하기

1988년 국어연구소에 의해 <표준어규정해설>이 나왔다. "표준어는 교양 있는 사람들이 두루 쓰는 현대 서울말로 정함을 원칙으로 한다."가 제1장 1항의 원칙이다. 사회의 여러 현상이 복잡해질수록 모든 것에 가속도가 붙어 말조차 빨라지고 그 소리남도 거세진다고 한다. 말은 변하고 있지만, 일상생활에서 표준발음과 표준어에 가까운 표현을 쓰는 연습이 필요하다. 발음만 정확하게 해도 세련된 느낌을 줄 수 있다.

한글은 자음과 모음의 조화로 이루어진다. 자음은 공기가 입안에서 발음기관의 방해를 받으면서 나는 소리이고, 모음은 목청에서 나온 공기의 흐름이 방해 없이 자연스럽게 나는 소리이다. 기본 자음은 ㄱ, ㄴ, ㄷ, ㄹ, ㅁ, ㅂ, ㅅ, ㅇ, ㅈ, ㅊ, ㅋ, ㅌ, ㅍ, ㅎ 이며 쌍자음 ㄲ, ㄸ, ㅃ, ㅆ, ㅉ 이다. 모음은 단모음인 ㅏ, ㅐ, ㅓ, ㅔ, ㅗ, ㅚ, ㅜ, ㅟ, ㅡ, ㅣ, 이중모음인 ㅑ, ㅒ, ㅕ, ㅖ, ㅘ, ㅙ, ㅛ, ㅝ, ㅞ, ㅠ, ㅢ 이다. 19개의 자음과 21개의 모음으로 나뉘며 자음과 모음은 폐에서 내쉬는 숨을 이용해 만들어져 각각의 소리가 나온다. 자음의 발음은 받침소리 'ㄴ, ㄷ, ㅁ, ㅂ'를 정확히 발음하고, 'ㅎ, ㅅ' 발음이 새지 않도록 주의한다.

소리의 세기에 따라 예사소리(ㄱ, ㄷ, ㅂ, ㅅ, ㅈ, ㅎ), 된소리(ㄲ, ㄸ, ㅃ, ㅆ, ㅉ), 거센소리(ㅋ, ㅌ, ㅍ, ㅊ)로 나눈다. 예사소리를 사용하면 사람이 진중하고 믿음직스럽고, 된소리나 거센소리를 자주 사용하면 강하고 급한 성격으로 보인다. 실제 욕은 대부분 된소리나 거센소리가 많다. 두 입술이 붙어야 소리가 나는 ㅂ, ㅍ, ㅃ, ㅁ 인 정확하게 발음해야 전달력을 높일 수 있다. 문장의 마지막에 "했습니다", "있습니다"가 가장 사용되는데, ㅂ 받침일 때 입술을 붙이고 빨리 떼는 연습을 해보자.

표준어가 맞는 지 헷갈릴 때가 있는데, 쇠고기/소고기, 옥수수/강냉이, 네/예, 어제/어저께, 떨어뜨리다/떨어트리다, 메우다/메꾸다, 헷갈리다/헛갈리다, 예쁘다/이쁘다, 두루뭉술하다/두리뭉실하다, 까다롭다/까탈스럽다, 고소하다/꼬시다, 오순도순/오손도손/가는허리/잔허리, 넝쿨/덩굴은 복수표준어로 인정되었다.

국립국어원의 표준 발음법을 기준으로 면접 상황에서 꼭 지켜 발음해야 할 부분을 몇 가지 짚어보겠다.

(1) 받침의 발음

홑받침이나 쌍받침이 모음으로 시작된 조사나 어미, 접미사와 결합되는 경우에는 제 음가대로 뒤 음절 첫소리로 옮겨 발음한다. 이 설명이 어려운 것 같다면 아래의 문장과 단어를 읽어보자.

표준발음법

제8항
받침소리로는 'ㄱ, ㄴ, ㄷ, ㄹ, ㅁ, ㅂ, ㅇ'의 7개 자음만 발음한다.

제9항
받침 'ㄲ, ㅋ', 'ㅅ, ㅆ, ㅈ, ㅊ, ㅌ', 'ㅍ'은 어말 또는 자음 앞에서 각각 대표음 [ㄱ, ㄷ, ㅂ]으로 발음한다.

제13항
홑받침이나 쌍받침이 모음으로 시작된 조사나 어미, 접미사와 결합되는 경우에는, 제 음가대로 뒤 음절 첫소리로 옮겨 발음한다.

> 일요일에 촬영이 있다고 해서 부엌을 꽃으로 꾸며봤어요.

> 꽃으로/ 무릎을/ 부엌을/ 일요일/ 촬영/ 절약/ 언어/ 국어

'촬영'은 '촬' 밑에 'ㄹ' 받침인데, 이 'ㄹ'이 뒤 음절로 넘겨진다는 것으로 [촬령]이 아니라 [촤령]으로 발음되는 것이다. '꽃으로'와 '무릎을'을 [꼬스로]나 [무르블]로 발음하기도 하는데, [꼬츠로], [무르플], [부어클], [이료일], [촤령], [저략], [어너], [구거]가 정확한 발음이다.

'ㄷ', 'ㅌ'의 받침이 'ㅣ' 모음과 만났을 때 [ㅈ], [ㅊ]으로 나는 경우도 있다. '밭이' → [바치], '곁이' → [겨치]'의 경우이다. 하지만, [ㅣ] 모음이 아닌 소리에는 제 음가대로 뒤 음절 첫소리를 옮겨 발음해야 한다. 아래 예는 자주 틀리는 발음이다.

> 내 곁으로 - [내 겨츠로] (x), [내 겨트로] (O)
> 밭으로 - [바츠로] (x), [바트로] (O)

특정 지역에서 생활할 때에는 사투리가 더 정감 있을 수 있다. 하지만 대중 앞에

나와 발표를 하거나 다른 지역사람들 앞에서 말을 할 때는 혹시나 웃음거리가 될까봐 자신감이 없어진다. 표준어를 쓰려고 어미만 올리는 경우가 있는데, 이때에도 사투리가 사라지지는 않는다. 어미를 올리는 것뿐만 아니라 단어에도 악센트가 있다. 사(○)람(○), 방(○)송(○), 전(○)화(○)가 표준어 악센트라면, 경상남도 지역은 사(○)람(○), 경상북도 지역은 사(○)람(○)으로 차이가 있기 때문이다. 사투리를 고치거나 자신의 목소리를 바꾸고 싶은 사람은, 노래의 음을 외우듯이 문장 전체의 음을 따라해 보는 것이 가장 좋은 방법이다. 자신이 닮고 싶은 배우나 방송인을 한 명 정해서 그 사람이 말하는 톤, 속도, 악센트를 그대로 따라하는 것이다. 이는 학창시절 친한 친구의 말투와 닮아가는 것과는 같은 원리이다. 많이 듣고 따라하고 연습하다보면 어느 순간 자신이 모델로 삼은 사람과 말투가 닮아있을 것이다. 모델을 고를 때 자신의 얼굴형과 닮은 사람을 고르면 훨씬 더 따라하기 쉽다.

(2) '의'의 발음

'의'는 첫 음절의 '의'와 첫 음절이 아닌 곳의 '의', 소유격 조사로 쓰인 '의' 등 3가지로 발음이 된다. 다음의 단어들을 읽어보자.

① 의사/ 의문/ 의리/ 의뢰인
② 강의/ 논의/ 여의도/ 심의실
③ 나의 조국/ 그의 희망/ 사랑의 미로

①의 경우에는 이중모음 [ㅢ]로, ②는 [ㅣ]로, ③은 [ㅔ]로 발음 나는 것이 자연스럽다. 표준발음법에서도 단어의 첫음절 이외의 '의'는 [ㅣ]로, 조사 '의'는 [ㅔ]로 발음함도 허용하고 있다.

(3) 소리의 길이

우리말에서는 모음의 장단을 구별하여 발음하되, 단어의 첫음절에서만 긴소리가 나타나는 것을 원칙으로 한다. '눈[눈ː]'은 긴소리로 발음하고, '함박눈'의 '눈'은 첫음절에 놓여 있지 않기 때문에 긴소리의 [함ː방ː눈ː]이 아니라 단음으로 [함ː방눈]으로 발음한다는 것이다. 아래 ①은 장음의 예, ②는 단음의 예이다.

그리고 용언의 단음절 어간에 어미 '-아/-어'가 결합되어 한 음절로 축약되는 경우에도 긴소리로 발음한다. '보아' → '봐[봐ː]', '하여' → '해[해ː]'처럼 문장 내에

서 '보았습니다', '하였습니다'라는 부분은 [봤ː습니다], [했ː습니다]로 길게 발음한다. 축약 현상이 일어나는 예는 ③이다.

> ① 밤나무[밤ː나무] / 말씨[말ː씨]
> ② 군밤[군밤] / 거짓말[거진말]

전달력을 높이기 위해 숫자에서의 장단음 구별이 꼭 필요하다. 수험번호를 말하거나, 나이를 이야기할 때 장단음을 구별하여 정확한 발음을 하도록 하자. 숫자는 한자로 '일, 이, 삼, 사, 오, 육, 칠, 팔, 구, 십'으로 읽는 방법과 고유어로 '하나, 둘, 셋, 넷, 다섯, 여섯, 일곱, 여덟, 아홉, 열'로 읽은 방법으로 나누어진다. 사전을 참고하여 각각의 장음을 찾아보자.

> 일, 이, 삼, 사, 오, 육, 칠, 팔, 구, 십
>
> 하나, 둘, 셋, 넷, 다섯, 여섯, 일곱, 여덟, 아홉, 열

스피치를 향상시키는 기술

속도와 크기

(1) 속도

분명히 10분 연설의 원고를 준비했는데 5분 안에 끝난 적이 있을 것이다. 면접 상황에서 속도를 맞추지 못하면 다른 지원자보다 짧게 끝나거나 말을 하는 도중에 면접관에게 중지 명령을 받을 수도 있다.

이런 일이 생기기 전에 평소 자신이 말하는 속도를 체크해보자. 1분에 평균 몇 단어를 읽는지 안다면, 1분 자기소개나 3분 자기소개를 준비할 때 내용 작성하기가 편할 것이다. 방송사 아나운서는 1분에 300~350자(60내지 70개의 단어)를 소화할 수 있다.

평소에 말을 빨리 하는 사람은 표현이 풍부하고 설득력을 높일 수도 있지만, 너무 빨리 말하는 것은 듣는 사람을 긴장하게 만들 수 있다. 말을 천천히 하는 사람은 진지하고 신뢰감을 높일 수 있지만, 듣는 사람을 지루하게 만들 수도 있다. 상대의 속도에 맞추어 자신의 말 속도를 따라 하는 게 가장 바람직하나, 보통 이론적인 부분을 말할 때는 조금 빨리, 실기와 관련된 부분을 말할 때는 조금 천천히 말하는 것이 효과적이다.

면접 시!
면접관에게 대답을 할 때는 전반적으로 조금 빠르게 말하는 것이 자신감 있어 보인다. 자신에 대한 설명 중 긍정적인 정보는 천천히 또박또박, 부정적인 정보는 빨리 하는 것도 좋은 방법이다. 성격의 장단점을 말할 때 단점은 빨리, 장점은 천천히 속도를 달리하여 장점을 돋보이게 하자.

(2) 크기

일반적으로 큰 음성은 열정이나 확신을 나타내고, 작은 음성은 자신감이 부족함을 나타낸다고 알고 있다. 하지만 보통 사람들은 음성크기를 조절하지 않는다. 크게 말하는 사람은 항상 크게만, 작게 말하는 사람은 항상 작게만 말하는 경향이 있다. 너무 소리가 큰 바람에 주위에서 불쾌하다고 한 적은 없는지, 큰 목소리로 과장된 느낌을 주는 것은 아닌지 자신을 돌아보자. 자기 자신이 낼 수 있는 소리 중 가장 큰 소리와 작은 소리를 찾아보도록 한다.

3단계 크기 조절연습

안녕하세요(25)-안녕하세요(50)-안녕하세요(75)

5단계 크기 조절연습

잔잔한 바다(20)-바람 부는 바다(40)-넘실대는 바다(60)-출렁이는 바다(80)-파도치는 바다(100)-출렁이는 바다(80)-넘실대는 바다(60)-바람 부는 바다(40)-잔잔한 바다(20)

대중 앞에서 말할 때와 일대일 면담에서의 목소리 크기는 당연히 차이가 나야하는데, 워낙 목소리가 크거나 작은 사람은 조절하기가 어렵다. 거리조절과 더불어 목소리 크기조절을 연습하는 방법을 추천한다. 두 사람이 0.5m 정도의 떨어진 거리에서 마주보고 대화를 한다. 그 다음 서로 마주본 채 한 걸음씩 뒤로 가서 다시 대화를 이어간다. 이런 식으로 한 걸음 한 걸음 뒤로 가면서 대화를 하다 보면 청중과 어느 정도 거리에서 어떤 크기로 목소리를 내야하는 지 알 수 있게 된다. 보통 사적인 이야기를 나누는 거리는 0.45~2m, 대중 앞에서 말할 때의 거리는 2~6m정도 이다.

② 포즈와 강조

(1) 포즈

포즈는 '띄어 읽기'와 '강조하고 싶은 단어 앞에서 말을 잠시 멈추기'로 나누어진다. 문장 내에서 어느 부분을 띄어 읽느냐에 따라 뜻이 완전히 달라지기도 한다.

다음 두 문장을 읽어보자.

> 관우는 도연이와 수하를 밀었다.
> 민수는 물을 마시며 뛰는 정수를 응원했다.

어느 부분을 띄어 읽었는가? 이 문장들은 각각 두 가지 뜻이 포함되어 있다.

① 관우는 ∨ 도연이와 수하를 밀었다.
② 관우는 노연이와 ∨ 수하를 밀었다.
③ 민수는 ∨ 물을 마시며 뛰는 정수를 응원했다.
④ 민수는 물을 마시며 ∨ 뛰는 정수를 응원했다.

①, ②는 밀고 밀린 사람의 수가 차이 나는데, 민 사람은 ①에서는 관우 혼자서, ②에서는 관우와 도연, 두 명이 된다. ③, ④는 물을 마신 사람이 바뀌게 되는데 ③에서는 정수가, ④에서는 민수가 물을 마신 사람이 된다.

문장에서의 '뛰어 읽기'는 대화 맥락에서 뜻이 파악되는 경우가 많다. 하지만 '강조하고 싶은 단어 앞에서 말을 잠시 멈추는 포즈'는 의도적으로 연습을 해야 실전에서 자연스럽게 사용할 수 있다. 이 포즈를 잘 사용하면 말에 깊은 맛이 난다. 이때 0.5초의 포즈는 다음 단어에 대한 궁금증을 가지게 할 뿐만 아니라 강조하는 역할을 한다. 또한 대답하기 전의 포즈는 미리 준비한 답변일지라도 진지하게 생각하고 답을 한다는 느낌을 상대방에게 줄 수 있다.

> 저의 가장 큰 장점은 / 열정과 도전입니다.
> 제가 가장 빛날 수 있는 곳은 / 서울시라고 생각했습니다.

면접 시!
면접관이 "왜 지원했나?"라고 물으면, 대부분의 지원자들은 1초도 머뭇거리지 않고 "네, 제가 지원한 이유는~"하고 대답하기 바쁘다. 이런 모습은 외운 것을 말하는 것처럼 보이거나 신중함이 부족해보여 진지하지 못하다는 인상을 심어줄 수 있다. 질문을 받고 나서 머릿속에 정리하고 포즈를 둔 뒤, 자신감 있는 표정으로 답을 한다면 똑같은 대답이라도 훨씬 깊이가 있어질 것이다.

성공적인 취업과 자기역량강화

(2) 강조

한 문장에서 속도, 크기, 포즈를 이용해 한 음절을 강조하면 뜻이 달라지기도 한다. '나는 당신을 사랑한다고 말하지 않았어.'를 밑줄이 그어진 부분을 강조해서 읽어보자.

① 나는 당신을 사랑한다고 말하지 않았어.
② 나는 당신을 사랑한다고 말하지 않았어.
③ 나는 당신을 사랑한다고 말하지 않았어.
④ 나는 당신을 사랑한다고 말하지 않았어.

어느 부분에 강조를 하느냐에 따라 뜻이 달라진다.

① 내가 아니라 다른 사람이 당신을 사랑한다고 말했어.
② 나는 당신이 아니라 다른 사람을 사랑한다고 말했어.
③ 나는 당신을 사랑이 아니라 그냥 좋아한다고 말했어.
④ 나는 당신을 사랑한다고 말로 직접적으로 한 적은 없어.

평소에 강조를 정확하게 하지 않아 의사소통의 문제가 생긴 적이 있었을 것이다. 자신은 어떤 강조 방법을 자주 쓰는지 이번 기회에 정확히 알아보자. 실제 면접상황에서 학생들의 자기소개를 들어보면 긴장한 나머지 모두 첫 음절인 '저는'에만 강조를 한다. 과연 그 문장에서 가장 핵심적인 부분이 '저는'이었을까? 미리 준비한 자기소개가 있다면 꺼내서 한 문장에서 강조해야 할 부분에 밑줄을 그어보자. 이때 강조는 크게 말하거나, 강조하고 싶은 단어 앞에 포즈를 두거나, 강조하고 싶은 단어만 속도를 천천히 하는 방법 중 하나를 택하면 된다. 아래 문장으로 연습해보자.

저를 색으로 표현한다면, 검정색이라고 할 수 있습니다.
저는 5년 전부터 꼭 서울시에서 일하고 싶다는 꿈을 키웠습니다.
친구들은 저를 '꿈 많은 사나이'라고 부릅니다.
안녕하십니까, 선행개발 부서에 지원하게 된 지원자 1조 6번 남궁민입니다!

③ 연습 원고

교통정보 1

오전부터 내린 비로 노면이 상당히 미끄럽습니다. 이 탓에 곳곳에서 사고소식이 들려오고 있는데요. 영등포구청과 영등포경찰서 사이에는 버스와 승용차간의 추돌사고가 있었습니다. 사고여파로 영등포경찰서를 중심으로 양방향에서 정체가 되고 있습니다.

도시 고속도로 중에서는 내부순환로 이용이 불편합니다. 내부순환로 성수방면으로 홍지문터널 안에 승용차 고장차량이 있는데요. 1개 차로가 차단되어 있고 사고여파로 터널 입구에서부터 정체가 이어지고 있습니다.

계속해서 한강 주변 상황 살펴보겠습니다. 강변북로는 구리방면으로 서강대교 일대에서부터 느린 걸음하고 있습니다. 올림픽대로는 여의도구간 이후부터 정체가 계속되고 있는데요. 특히나 반포대교에서부터 영동대교까지 정체가 되고 있습니다. 반대방면 공항 쪽으로 이동하는 차량들 역시나 영동대교 일대 지나기가 어렵습니다. 영동대교 이후 특히 성수대교에서 반포대교까지 쭉 정체가 이어지고 있습니다.

하루 종일 내리고 있는 비 때문에 가시거리도 8km정도로 짧습니다. 가시거리 넉넉히 확보하시고 안전운전 하시기 바랍니다. ○○○ 교통정보였습니다.

교통정보 2

강변북로, 올림픽대로 모두 정체가 상당합니다. 낮 2시가 맞나 싶을 정도인데요. 현재 자유로 일대는 사고까지 있어서 더 지나가기 어렵습니다. 문산에서 일산 방향으로 김포대교 200m 못간 지점에서는 승용차간의 3중 추돌사고가 있었는데요. 이 사고 여파로 김포대교 일대 통과하기가 상당히 어렵습니다.

올림픽대로도 현재 잠실 쪽으로 강일 나들목 부근에서 사고가 있었습니다. 승용차가 옆으로 넘어진 사고가 있었는데요. 사고는 처리 됐지만, 천호대교 일대에서부터 속도가 뚝 떨어져 있습니다.

낮 시간대 공사 때문에 지나기 어려운 곳도 있습니다. 강변북로인데요. 구리방향으로 반포대교 조금 못간 지점에서는 한 개 차로를 막고 현재 차선 긋는 작업이 진행 중입니다.

지선도로 중에서는 방학로 일대도 상당히 지나기 어렵습니다. 상계교에서 방학 사거리 방향으로 방학지하차도 안에서 도로보수공사 중에 있는데요. 지하차도 안에서 하는 작업이기 때문에 사고 위험이 다소 높습니다. 이 일대 지나실 때 안전운전 신경 써 주시기 바랍니다. ○○○ 교통정보였습니다.

교통정보 3

57분 교통정보입니다. 벌써부터 도심에서 강남 쪽으로 넘어가기도 어렵습니다. 반포로는 이태원지하차도에서 시작된 정체가 한강중학교 앞까지 이어지고 있고, 이 후에도 반포고가 차도에서 서울 성모병원 앞 사거리까지 정체입니다. 한남로도 이용 불편하긴 마찬가지인데요. 남산 1호터널 이전부터 시작된 정체는 한남대교 다리 건널 때까지도 속도내지 못하고 있습니다. 하지만 상대적으로 동호로는 여유 있는 편이니까요. 도심에서 강남 쪽 가신다면 반포대교나 한남대교보다는 동호대교로 우회하는 것도 좋을 것 같습니다. 지금까지 ○○○ 교통정보였습니다.

날씨정보 1

5월에 딱 어울리는 쾌청한 날씨입니다. 오늘도 전국의 가시거리가 20킬로미터 이상으로 트이면서, 하늘이 참 맑았는데요. 내일도 맑고 낮 동안에 따뜻한 초여름날씨가 이어지겠습니다. 다만, 동해안 지방에는 북동기류가 유입되면서 당분간 저온현상이 이어지겠습니다. 내일 대관령과 태백의 아침 기온은 5도도 평년 기온을 3도에서 5도가량 밑돌겠고, 일교차 또한 15도 안팎으로 크게 벌어지겠습니다.

내일 전국이 대체로 맑은 가운데 곳곳에 구름이 조금 지나겠고, 아침에는 안개 끼는 곳이 많겠습니다. 또 동해안의 높은 파도는 조금씩 낮아지고 있는데요. 내일까지도 너울성 파도에는 주의하셔야겠습니다.

내일 아침 기온 서울과 광주 14도, 전주 12도로 오늘과 비슷하겠습니다. 내일 낮 기온은 서울 22도, 청주 24도로 오늘보다 조금 낮겠지만, 따뜻하겠습니다.

이번 주말에는 대체로 흐리겠고, 휴일에는 중서부지방에 약한 비가 지나겠습니다. 주말계획에 참고하시기 바랍니다. 날씨였습니다.

날씨정보 2

요즘 조금 덥긴 해도 하늘은 무척 화창하죠. 오늘도 전국적으로 맑은 하늘 보실 수 있겠습니다. 뜨거운 볕이 내리쬐면서 낮 동안에는 더운 날씨가 이어지겠는데요. 서울의 기온이 27도, 대구는 30도까지 치솟겠습니다. 이 열기 때문에 대기가 불안정해지면서 호남 일부 내륙에서는 소나기가 오는 곳이 있겠습니다.

구름의 모습입니다. 오늘 아침도 전국이 쾌청하지만 일부 해안과 내륙지방을 중심으로 옅은 안개가 끼어 있습니다. 오늘도 계속해서 동서로 폭넓게 자리한 고기압의 영향을 받겠는데요. 따라서 전국이 화창하겠고요. 강한 자외선도 예상되는 만큼 외출하실 때는 대비를 잘 하셔야겠습니다.

남부지방은 오후에 구름이 많아지면서 호남 내륙에서는 소나기 가능성도 높습니다. 낮 기온은 크게 오르면서 일교차가 커지겠는데요. 서울 대전 전주 27도, 대구는 30도까지 올라, 덥겠고요. 동해안지방은 강릉 26도로 평년 기온을 회복하겠습니다. 바다의 물결은 전 해상에서 잔잔하겠고, 안개가 짙게 끼겠습니다.

당분간은 맑은 날씨 속에 초여름 더위가 기승을 부리겠는데요. 아침저녁으로 큰 일교차에 대비하셔야겠습니다. 날씨정보였습니다.

날씨정보 3

요즘 소나기 소식이 잦습니다. 오늘 낮 동안에도 중서부 지방을 중심으로 약하게 소나기가 지나거나 산발적으로 빗방울이 떨어지는 곳이 있겠는데요. 하지만 내리는 시간도 짧고 양도 많지 않아서 크게 불편을 주진 않겠습니다.

지금 중부지방에 끼어 있는 소나기구름은 점차 약해지고 있습니다. 하지만 저녁 무렵에는 영남 내륙을 중심으로 대기가 불안정해지면서 소나기구름이 발달하겠습니다. 따라서 오늘 중서부지방 곳곳에 약하게 소나기가 오는 곳이 있겠고요. 영남 내륙에서도 늦은 오후 한 때 소나기가 지날 가능성이 높습니다. 제주도는 장마전선의 영향으로 저녁부터 비가 내리겠습니다. 날씨정보였습니다.

03　1분 자기소개 만들기

　회사마다 자기소개 시간이 다르게 배정되어 있다. 30초, 1분, 3분, 5분용 자기소개를 각각 준비하도록 한다. 30초 자기소개는 자신의 경력위주로, 1분 이상 자기소개는 비유를 이용한 자기소개가 효과적이다. 자신에 대한 설명을 하기에 앞서, 이렇게 소개하게 된 이유를 2가지나 3가지로 나누어 설명하겠다고 미리 요약해주는 것이 효과적이다. 논리 있게 말하는 것처럼 보이고, 듣고 있는 면접관도 궁금증이 생겨 끝까지 들어주게 된다. 만약 아래와 같은 예라면 "저는 무의 단단함과 잘 어우러지는 무의 친화력, 이 두 가지와 닮은 사람입니다. 먼저 저의 굳는 의지력은 단단한 무와 같습니다. …" 이러한 몇 가지 특징을 미리 언급한다면 혹시 중간에 면접관이 끊어도 내용전달이 되었기 때문에 시간부족으로 손해 보는 일을 줄이게 된다.

(1) 자신의 경력을 위주로 쓴 자기소개

A1　안녕하십니까? 물음표(?)를 느낌표(!)로 바꿀 수 있는 예비 ○○인 ○○○입니다. 저는 대학생활 동안 대학생으로서 할 수 있는 모든 경험을 해보기 위해, 국내외 봉사활동과 프레젠테이션 경진대회 입상, 학회 과대표, 총학생회 선거 경험과 같은 다양한 활동을 해보았습니다. 이를 통해 남들보다 넓은 인맥과 대인관계를 가지게 되었습니다. 이러한 경험과 상황대처능력은, ○○에 입사를 하게 되면 더 빛을 발할 것이라 생각합니다.

A2　안녕하십니까? 도시공학이라는 잡학을 전공한 지원자 ○○○입니다. 제 전공을 잡학이라고 말씀드린 이유는 도시공학에서 배우는 내용들이 법이나 역사, 철학, 경제, 디자인과 같이 다양한 과목들로 섞여있기 때문입니다. 여러 가지 분야의 기초지식을 통해 어떠한 문제를 단편적으로 이해하지 않고 다양한 시각으로 바라볼 수 있습니다. 학교수업을 통해

시각을 넓혀온 경험은 회사업무를 배우는 데도 도움이 될 것이라고 생각합니다.

A3 안녕하십니까? 정이 많고, 호감 가는, 일등 마케터 ○○○입니다. 저는 높은 산을 오르는 산악인 같은 사람입니다. 첫 번째 이유는, 산악인은 철저히 코스 분석과 사전준비를 하고 올라갑니다. 저는 5개의 공모전에서 수상을 했고, 우리 회사의 목표에 대한 분석력과 해결 능력을 갖추었습니다. 두 번째 산악인은 자신의 한계를 넘을 수 있는 도전정신이 있습니다. 공모전에 참여했을 때, PPT 만드는 능력을 빨리 길러야 해서 학교 디자인과에 혼자 찾아가 청강을 했습니다. 저 ○○○는 산악인처럼 분석 능력과 해결능력, 도전정신이 있는 사람입니다. 이를 바탕으로 ○○호텔의 목표인 아시아 탑3호텔이라는 산을 오르는데 도움이 되고자 합니다.

(2) 비유를 이용한 자기소개

A1 안녕하십니까? ○○대학교 ○○학부 ○○○입니다. 저는 저를 무 같은 사람이라고 표현하고 싶습니다. 그 이유는 2가지가 있습니다. 먼저 저는 무처럼 단단하게 굳는 의지를 가지고 일을 하는 스타일입니다. 또 갈치 조림 속의 무처럼, 무는 어느 음식에나 잘 어울립니다. 주위사람들과 잘 친해지고 제가 있는 곳에서는 드러나는 존재감과 신뢰감이 장점입니다. 제가 ○○에서 일하게 된다면 일할 때는 무처럼 우직하게, 주위사람들을 빛낼 때는 무처럼 도움을 주는 직원이 되겠습니다.

A2 안녕하십니까? 저는 열정을 나타내는 빨강과 신뢰를 나타내는 파랑이 혼합된 보라색과 같은 사람입니다. 먼저 열정 빨간 색입니다. 대학 시절 외국어 능력 향상을 위해 캐나다로 떠난 적이 있습니다. 금전적인 문제로 어려움을 겪었지만 저의 도전 정신과 긍정적인 사고로 취직을 해 문제를 해결할 수 있었습니다. 다음은 신뢰, 파란색입니다. 저는 사람들과

어울리는 것을 좋아하는데 특히 마음 속 깊은 대화를 하며 친구가 되려 합니다. 이런 제 성향이 주위 사람들에게 믿음을 불러일으킬 수 있었고, 언제든지 연락하면 나올 수 있는 친구들이 많습니다. 현재는 보라색이 지만 앞으로는 다양한 역량들을 혼합하여 다양한 색체를 띤 인재가 되 도록 하겠습니다.

A3 안녕하십니까? 수험번호 ○○번 지원자 ○○○입니다. 저는 원소기호 로 'Cu', 즉 금속 중의 '구리'같은 사람입니다. 구리의 색깔, 성질, 가공 성 이 3가지 때문입니다. 먼저 구릿빛은 까무잡잡한 제 피부와 닮아 있 습니다. 또한 구리는 부식이나 침식을 견디는 성질인 내식성이 뛰어납 니다. 저 역시 아무리 어려운 일이 있더라도 버티고 노력해서 끝까지 일 을 마무리하는 성격입니다. 세 번째는 구리의 가공성입니다. 구리는 금 과 은을 제외하고 가장 길고 넓고 얇게 만들 수 있고, 여러 금속들과 섞 여 합금을 만들 수 있습니다. 어떤 환경이든 유연하게 적응하고 회사 동 료들과 융합해서 업무에 임할 수 있는 팀 플레이어가 되겠습니다. 가장 많이 사용되는 구리처럼, 이 회사에 밑거름이 되고 나아가 회사를 대표 할 수 있는 구리와 같은 지원자 ○○○입니다.

A4 안녕하십니까? ○○건설 건축시공직무 지원자 ○○○입니다. 저를 동 물로 표현한다면 카멜레온일 것입니다. 그 이유는 두 가지입니다. 첫째 카멜레온은 자신의 몸보다 3배 긴 혀를 가지고 있습니다. 그만큼 먹이 를 향해 공격적으로 다가갑니다. 저는 남들보다 한 발 더 앞서기 위해 Primavera, Midas, Auto Cad 등 실무에서 바로 사용 가능한 건축 프 로그램들을 꾸준히 익혀왔습니다. 둘째 카멜레온은 절대 떨어지지 않 은 빨판을 가지고 있습니다. 저는 제가 스스로 계획한 일을 절대 포기하 지 않습니다. ○○문화회관 전시기회를 따내기 위해 약 3주간 밤샘작업 을 해 포트폴리오를 제출했고 당당히 기회를 따냈습니다. 이번에는 우 리 ○○건설의 현장에서 적극성과 끈기를 바탕으로 업무에 임하도록 하 겠습니다.

A5 안녕하십니까? 수험번호 ○○○번, 박쥐같은 남자 ○○○입니다. 박쥐의 2가지 특징으로 저를 설명해보겠습니다. 첫 번째로 박쥐는 만년설이 쌓인 북극을 제외한 세계 전 지역에 분포하는 폭 넓은 서식지역을 가졌다는 점입니다. 저는 사람을 차별하지 않는 포용력을 바탕으로 ○○전자 내부에서 징검다리 역할을 할 수 있습니다. 두 번째 새처럼 날아다니는 유일한 포유류라는 점입니다. 모든 분야에서 1위를 하는 유일한, 최초의 기업이 ○○전자가 될 때까지 끊임없이 도전하고 창의적인 아이디어를 내겠습니다. 사람들을 아우르는 성격과 도전정신으로 ○○전자가 최고가 될 수 있도록 힘을 보태고 싶습니다.

요즘은 멀티플레이어를 원하기 때문에 하나의 질문을 받고도 자신의 장점을 극대화시켜야 한다. 개미의 '성실함'과 베짱이의 '여유 있는 삶'을 묶어 '개짱이'처럼 일할 땐 성실하게 일하고 쉴 땐 확실하게 쉬는 사람이라고 대답하는 것이 그 예이다. 이렇게 대답을 하고 싶다면 처음부터 '개짱이'라고 말하지 말고, "저는 개미의 '개', 베짱이의 '짱이', 개짱이와 같은 사람입니다." 라고 어떻게 이 단어가 만들어졌는지 설명해야 듣는 사람이 이해하기 쉬워진다.

Tip

기대-불일치 효과

우리는 기대한 것과 다른 것을 보고 느낄 때, 더 주의를 기울이게 되고 잘 기억하게 된다. 너무 잘 알고 있는 내용을 말하면 진부하고 지루하게 느끼는 것이 사람의 심리이다. '소'를 이야기하면서 우직함을, '카멜레온'을 이야기하면서 여러 가지 색깔이 있다고 이야기한다면 면접관의 주목을 끌지 못할 것이다. 비유하고 싶은 대상이 있다면, 남들이 다 알만한 내용보다 참신한 내용을 찾아보자!

토끼 + 거북이 = 토북이
▶ 일할 때 속도도 빠르지만, 꼼꼼하게 살핀다는 점을 부각

포테이토 + 토마토 = 포마토
▶ 가지에는 토마토가 나고, 뿌리에는 감자가 나는 식물인 포마토처럼, 여러 역할을 잘 할 수 있는 특징을 부각

 발음 나는 대로 써보자.

표기	발음
우리의	
희망	
밭이	
빗다	
값이	
낮이	
깎아	
흙이	

 각각의 숫자를 한자와 고유어로 써보자.

	72	89	95	168	895
한자	칠십 이				
고유어	일흔 둘				

 1분 자기소개를 경력위주/비유를 이용해 각각 만들어보자.

Successfull
Employment &
Strengthening of
Ability

Chapter

08

면접 질문별
답변 기술

1. 예상 질문 찾기

2. 질문별 답변 만들기

3. 답변할 때 주의 사항

예상 질문 찾기

이력서와 자기소개서를 준비했다면 이제 면접에서의 답변을 준비해야 한다. 면접장에서 평소에 생각하기도 않았던 질문을 갑자기 받게 되면 머릿속이 하얘지면서 제대로 대답을 못한다.

그래서 많은 지원자들은 미리 답변을 준비하기 위해서 책이나 인터넷 검색을 살피고 있다. 하지만 자신에게 맞는 면접 예상 질문은 자신의 이력서나 자기소개서에 찾을 수 있다. 질문 리스트를 뽑아보고 예상답변까지 만든다면 만족스러운 결과를 얻게 될 것이다.

① 이력서에서 예상할 수 있는 질문

(1) 기본 정보에서 나올 수 있는 질문

성 명	박 보 겸	한 자	朴 寶 謙
생 년 월 일	2000년 11월 16일		
E-mail/sns주소	******@naver.com / http://instagram.com/vivilandgrim		
전 화 번 호	02-****-****	휴 대 폰	010-1234-****
주 소	서울 강남구 선릉로131길 16 ***동 ****호		

→ 우리 회사가 수원인데, 너무 멀지 않을까요?

→ 다른 지원자에 비해 나이가 어리네요?

→ 가족들과 함께 살고 있나요?

(2) 학력 정보에서 나올 수 있는 질문

기 간	학 교 명	학 과	성 적
2016. 03. 02 ~ 2019. 02. 17	한올고등학교(수원)	·	·
2020. 03. 03 ~ 2023. 02. 12	한국대학교(천안)	사회복지학과	3.4 /4.5

→ 전공과 상관도 없는데, 왜 이 일을 희망하십니까?

→ 사회복지학과에서는 무엇을 배웠나요?

→ 대학 성적이 낮은데, 왜 그런가요?

(3) 경력 및 대외활동 정보에서 나올 수 있는 질문

기 간	분야	내용
2020. 06 ~ 2020. 12	수원화성운영재단 자원봉사	수원을 찾은 외국인들에게 영어로 설명해주는 활동
2021. 03 ~ 2021. 05	장애인식개선서포터즈	장애인에 대한 그릇된 인식을 개선하기 위한 서포터즈 활동
2022. 03 ~ 2022. 06	동아일보 대학생 서포터즈 '62기'	2040 여성을 타깃으로 하는 섹션에 홍보관련 카드뉴스 제작

→ 장애인인식개선 서포터즈에서는 주로 무슨 일을 했나요?

→ 영어로 수원을 소개해보세요.

→ 카드뉴스 제작했다고 했는데, 포토샵이나 일러스트 관련 자격증이 있나요?

(4) 자격증 정보에서 나올 수 있는 질문

	종 류	취득일
자격사항	자산관리사(FP)	2021. 08. 18
	유통관리사2급	2022. 12. 20
	텔레마케팅관리사	2023. 04. 15

→ 이 자격증은 지원업무와 무슨 관련이 있나요?

→ 자산관리사를 획득하기 위해 얼마나 시간이 걸렸나요?

→ 지금 또 준비하고 있는 자격증이 있나요?

② 직종별 기출 질문

(1) 자동차/기계

🖱 자동차와 관련된 어떤 전공과목을 수강했나?(현대자동차)

🖱 표면장력이란 무엇인가?(현대자동차)

🖱 설계품질, 조립품질, 부품품질 중 가장 중요하다고 생각하는 것은?(기아자동차)

🖱 우리 회사의 자동차를 타면서 보완되었으면 하는 점은?(기아자동차)

🖱 나에게 우리 회사 타이어를 팔아보라.(넥센타이어)

🖱 동종업계 타사와 비교해 우리 제품의 강점은?(넥센타이어)

🖱 6시그마를 설명하라.(다이모스)

🖱 영업에서 가장 중요하게 생각하는 4가지는?(현대모비스)

🖱 컨테이너선이 갖는 특징은 무엇인가?(한진중공업)

(2) 전자/전기

🖱 최근 IT 용어 중에 생각나는 것이 있으면 말해보라.(삼성 탈레스)

🖱 휴대폰에 어떤 기능을 추가하면 좋을 것 같은가?(팬텍)

🖱 자신이 지원한 분야에서 미래 모습을 전망해보라.(LG 디스플레이)

◉ 홀로그램이 무엇인가?(LG 디스플레이)

◉ 우리 회사의 앞으로의 전략을 구상한다면?(하이닉스)

◉ 자신을 나무에 비유한다면 어떤 나무인가?(LIG 넥스원)

◉ 신재생 에너지에 대해 아는 대로 말해보라.(LS산전)

◉ bullwhip effect(채찍효과)에 대해 설명해 보시오.(LS산전)

◉ (공익, 혹은 군 면제자에게) 현역으로 입대하지 못한 이유는 무엇인가?(신도리코)

(3) 제철/금속

◉ 우리 기업의 비전 및 핵심가치는 무엇인가?(포스코)

◉ 오늘 읽은 신문기사 중 우리 업종과 관련된 내용에 관해 설명하라.(동국제강)

◉ 자신의 전공분야가 철강산업에 어떻게 활용될 수 있다고 보나?(동부제철)

◉ 우리 기업의 사업장은 어느 곳에 있는지 아나?(동부제철)

◉ 우리 회사 창립기념일을 알고 있나?(현대제철)

◉ 아연의 가격이 얼마인지 알고 있는가?(현대하이스코)

(4) 은행/증권

◉ 패스트 트랙에 대해 말해보라.(기업은행)

◉ 우리 은행에 현재 가입한 상품은 무엇인가?(국민은행)

◉ 펀드투자의 3원칙이 무엇인가?(국민은행)

◉ 파생상품에 대해서 설명해보라.(농협)

◉ 금융위기를 극복할 수 있는 정부의 정책과 수단을 설명하라.(산업은행)

◉ 다른 직종에 더 적합해 보이는데 은행 창구 업무를 잘 할 수 있겠는가?(신한은행)

◉ 전공이 인문학인데 그것이 은행업무에 어떤 도움을 줄 것이라 생각하나?(신한은행)

◉ 1년 동안 몇 명의 고객을 유치할 수 있겠는가?(동부증권)

◉ 은행에 지원하지 않고, 증권회사에 지원한 이유는 무엇인가?(한국투자증권)IT/
통신

(5) IT/통신

- 우리 회사 상품을 쓰면서 불편했던 점이 있으면 말해보라.(KT)
- 자신을 다섯 글자로 표현해보라.(LG U+)
- 엑셀에서 어떤 것들을 쓸 줄 알고 기능에 대해 아는 것은?(현대오토에버시스템즈)

(6) 건설/엔지니어링

- 회사에 들어와서 현장소장이 되면 어떻게 할 것인가?(포스코건설)
- CAD는 잘하는가?(포스코건설)
- 현재 금융위기에서 성장이 답인가, 현재를 보완하는 것이 답인가?(금호건설)
- 우리 그룹의 브랜드 활성화 방안에 대해 말해보라.(금호건설)
- 당신이 가장 자신 있는 것, 최고라고 자부하는 것은 무엇인가?(대우건설)
- 우리 회사의 핵심역량 중 도전, 열정, 자율, 창의가 있는데 그에 맞게 행동한 경험을 설명하라.(대우건설)

질문별 답변 만들기

① 본인의 외모와 관련된 질문을 받았을 때

 미소가 인상적인데 의식하고 있는 것인가? 아니면 원래 그런 표정인가?

A1 밝은 표정을 칭찬해 주셔서 감사합니다. 대학 총학생회 선거운동을 할 때 웃으면서 전단지를 나누어주면 사람들이 더 잘 받아주는 것을 더욱 더 잘 알게 되었습니다. 그때부터 사람들에게 말을 걸 때는 웃으면서 말을 걸고, 거울 보면서 웃어보기도 합니다. 이게 처음에는 연습이었는데 이제는 습관이 된 것 같습니다.

A2 물론 면접이라 약간 긴장해서 평상시보다는 표정에 주의를 기울였지만, 밝은 인상은 원래 표정에 가깝습니다. 일상생활 할 때에도 긍정적으로 생각하려고 노력하고 잘 웃는 편입니다. 평소의 제 긍정적인 에너지로 주위사람들을 즐겁게 하고 제 자신과 나아가서는 제가 속해 있는 회사를 좋은 이미지로 가꾸어 나가겠습니다.

② 성격에 대한 답변하기

 성격이 얌전할 것 같은데, 일을 잘 할 수 있겠나?

A1 네, 저는 면접관님 말씀대로 얌전한 이미지를 가지고 있습니다. 특히 어른을 대할 때는 더 얌전한 모습을 보이도록 습관이 되어 있어 더욱 그렇게 보일 수도 있습니다. 그렇지만 일을 할 때는 그 누구보다 열정적으로 업무를 수행하려고 노력해 왔습니다. 터키에 교환학생으로 체류할 당

시, 한국에서 레깅스를 수입해 터키 중심부에서 판매한 경험이 있습니다. 그때 저는 독특한 마케팅으로 손님들의 주목을 끌며 수익을 올리기도 했습니다. 이처럼 저는 항상 자신감을 가지고 책임감 있게 일을 수행할 수 있는 역량을 키우기 위해 노력해 왔습니다. ○○에 입사한 후에도 멈추지 않고 지속적으로 업무 역량을 갈고 닦겠습니다.

Q 본인의 단점은 무엇이고, 어떻게 극복했습니까?

A1 저는 팀 프로젝트 시 열정이 지나쳐 제 생각을 강요하는 경우가 있었습니다. 이런 점을 고치기 위해 ○○○ 리더십 양성과정에서 다양한 사람들과의 커뮤니케이션 방법에 대해 학습하였습니다. 말을 잘 하기 위해서는 잘 듣는 방법부터 배워야 한다는 기본 가정 하에 저는 다른 사람에게 호의적인 인상과 제스처를 취하며 잘 듣는 방법을 알게 된 것입니다. 그 결과 타인의 의견을 잘 이끌어내는 방법을 익히게 되었습니다.

A2 저는 경영학도로서 가장 치명적인 발표 울렁증이 있었습니다. 그러나 누구보다 발표를 잘 하고 싶다는 생각으로 무작정 '대학생 발표 연합 동아리'에 지원하였고, 저에게 발표실력을 키울 수 있는 기회를 달라고 부탁했습니다. 덕분에 저는 6개월 교육생으로서 이수를 받을 수 있었습니다. 그 이후에는 또 6개월 동안 교육생들 앞에서 발표 관련 예시와 진행을 맡았습니다. 아직도 앞에서 말하는 것은 떨리지만 이제 두렵지 않고 즐길 수 있게 되었습니다. 저는 제 꿈을 이루기 위해서 저의 단점을 극복하고 바꾸려는 성격을 가지고 있습니다.

Tip

성격의 장·단점을 말할 때 장점은 크게 부각시키고 단점은 장점처럼 보이도록 돌려 말할 수 있어야 한다. 하지만 이 때 '게으르다.', '낯을 가린다.', '우유부단하다.'와 같은 내용은 절대 말하지 말자. 장점으로 돋보이게 할 수 있는 단점만을 전달해야 하는데, 회사에서는 조직 내에서 함께 일할 수 있는 사람을 찾는 것이기 때문에, 다른 사람과의 협력능력이나 인간관계에 대한 장점을 강조하도록 한다.

Tip

'너무 신중해서 시간이 많이 걸린다.'
→ '이 업무에 있어 가장 중요한 것은 신중함이라 생각하고, 대신 무엇이든 시간을 정해 일을 처리하는 연습을 하고 있다.'

'하나에 너무 집중한다.'
→ '한 발짝 물러서서 일을 바라보려고 노력하고 있고, 이러한 집중력은 업무에 있어서 끈기로 작용할 수 있다.'

③ 일에 임하는 자세를 묻는 질문

Q 유능하지만 성실하지 않은 직원과, 성실하지만 큰 성과가 없는 직원 중 누가 더 중요하나?

 A1 큰 성과는 없지만 성실한 직원이 더 중요하다고 생각합니다. 그 이유는 기업은 많은 사람이 함께 팀워크를 발휘하여 목표를 달성해야 하기 때문입니다. 유능하지만 성실하지 않은 직원이라면 팀워크를 와해시킬 수 있습니다. 이는 기업 환경에서 절대적으로 악영향을 줄 것입니다. 큰 성과는 없지만 성실한 직원은 자신의 능력을 점차 향상시키고 경력을 쌓음으로써 더 큰 성과를 만들어낼 자질이 충분합니다. 저는 성실한 직원이 되어 팀워크를 증진시키고 더불어 제가 가진 다양한 역량으로 성과를 낼 수 있도록 하겠습니다.

Q 어떠한 상사와 함께 일하고 싶은가?

TIP

나는 '이런 사람도 좋고, 저런 사람도 좋고', '누구든 함께 일하고 싶다'는 우유부단한 답변은 오히려 감점요인이 되기도 한다. 직장생활을 하면서 상사와 협동하여 일을 잘 처리할 수 있을지를 묻고 있다. 이에 대한 대답은 자신이 함께 일하고 싶은 멘토의 모습과 더불어 자신의 노력으로 문제를 최소화하겠다는 내용도 덧붙여야 한다.

A1 공사 구분이 확실한 상사분과 함께 일하고 싶습니다. 저는 사람들과 마음을 열고 가깝게 지냅니다. 그 성격 때문에 상사분과도 많이 친해져 저에게 쓴 소리를 못 하실까봐 걱정입니다. 제가 잘못을 했을 때는 확실히 이야기를 해주셔서 업무에 지장을 주는 일이 없었으면 하는 바람입니다.

A2 제가 생각하는 좋은 상사는 자신의 업무 노하우를 후배 사원에게 잘 알려주어 조직의 업무효율을 높일 수 있도록 도와주는 분입니다. 당연히 신입사원인 제가 더 많이, 적극적으로 업무에 임해야겠지만 무관심보다는 잘 챙겨주는 상사와 일하고 싶습니다. 마찬가지로 저도 후배사원을 잘 챙겨주는 상사가 되도록 노력하겠습니다.

Q 동창회 모임이 있는데 직장상사가 업무를 시켰다면 어떻게 할 것입니까?

A1 저는 이 질문을 반대로 생각해보았습니다. 제 친구가 직장상사가 시킨 일 때문에 동창회에 나와야 할지 고민하고 있는 상황이라면, 저는 당연히 친구를 이해하고 적극적으로 나오지 말라고 충고할 것입니다. 제 친구들 역시 저와 같은 생각일 것입니다. 저는 친구와의 우정을 무엇보다 소중하게 여기지만, 친구의 성공도 그만큼이나 간절하게 바랍니다. 가능하다면 동창회가 끝나고 나서 그 친구를 만나 몇 마디 나눌 수 있는 것만으로도 저는 행복할 것이고, 저희의 우정을 의심하지 않을 것입니다.

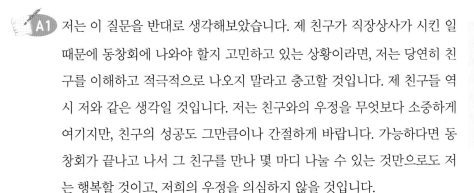

사생활과 회사생활이 충돌할 때 잘 조절할 수 있는가를 묻는 질문이다. 둘 중에 하나를 고르기보다 일을 우선으로 하되 개인생활도 잘 이어나가는 융통성 있는 태도를 보여주어야 할 것이다.

 Q 업무 특성상 야근이 많은 편인데, 괜찮을까요?

A1 예, 할 수 있습니다. 저는 대학에서 탱크라고 불렸습니다. 과제나 프로젝트를 맡으면 일이 끝날 때까지 일어서지 않기 때문에 붙여진 별명입니다. 또한 저는 수영과 등산으로 단련된 체력을 갖고 있습니다. 이러한 점을 바탕으로 ○○에서 야근 업무를 충분히 해낼 수 있습니다.

지원자의 의견을 묻는 질문에는 핵심메시지-이유-예시-핵심메시지 순서로 답을 하면 논리적으로 보인다.

④ 회사에 대한 관심을 묻는 질문

 Q 우리 회사에 이전에도 와본 적이 있나? 어떤 느낌을 받았나?

A1 오늘 면접장소인 ○○○ 본사에는 회사분위기와 면접에서 헤매지 않기 위해 바로 어제 사전 방문을 하였습니다. 아침 일찍 방문했는데도 불구하고 회사 입구부터 분주하게 활기를 띄고 있었고, 친절히 안내해주는 직원들을 보면서 저도 꼭 ○○○의 고객에게, 나의 고객에게 가치와 만족을 줄 수 있는 사람이 되어야겠다고 다짐하였습니다.

회사에 대한 애착을 가지고 있는지, 얼마만큼 공부했는지를 묻는 질문이다. 앞에 만든 〈기업분석〉이 빛을 발하는 순간이기도 하다. 회사의 인재상, 올해 경영목표 등에 대한 내용을 바탕으로 답변을 하면 된다. 자주 나오고 여러 각도로 질문하기 때문에 꼭 준비해야 한다.

Q 기업을 선택할 때 가장 중요시 여기는 것은 무엇입니까?

A1 기업의 성장성을 가장 많이 봅니다. ○○소프트에 지원하게 된 이유 역시, 국내 최고의 게임 기업으로 계속해서 성장할 것이라고 믿기 때문입니다. 물론 다양한 회사에서 일해 보는 것도 좋지만, 저는 탄탄하고 성장성 높은 이곳에 입사해 ○○소프트의 성장에 일조하는 ○○인이 되고 싶습니다.

Q 우리 회사 홈페이지 개선점은 무엇인가?

A1 ○○전자 홈페이지에 들어가 보면 메인 구성이 한눈에 들어오지 않기 때문에 접속자가 어렵게 느낄 수 있습니다. 따라서 메뉴를 좀 더 보기 편하게 체계화 시켜서 원하는 제품을 찾기 쉽게 카테고리를 수정할 필요가 있습니다. 이러한 작은 배려가 고객에게는 시간절약과 편리성을 준다고 생각합니다.

Q 우리 회사에 어떻게 찾아왔나?

A1 저는 ○○○가 삼성역에 있다는 것을 잘 알고 있었지만, 워낙 넓은 장소이기 때문에 어제 미리 찾아와 지하철 출구와 정확한 장소를 확인했습니다. 그래서 오늘은 여유롭고 편안한 마음으로 이곳까지 찾아올 수 있었습니다. 이런 준비정신은 이곳에 입사해서도 계속 될 것입니다.

Q 우리 사옥에 들어와서 로비부터 지금까지 있으면서 느낀 점을 말해 보세요.

A1 ○○의 사옥은 새롭게 성장하는 IT기업답게 세련된 느낌을 받았습니다. 로비에 들어서는 순간 자유롭게 커피와 도넛을 들고 다니는 직원들을 보며 활기 찬 분위기를 느낄 수 있었습니다. 3층 면접장소에서는 러닝머신, 게임기, 개성 있는 테이블에서 나이에 관계없이 자유롭게 대화를

나누는 것을 보고 관료주의적 조직문화가 아닌 직원의 개성을 중요시하고 있다는 느낌을 받았습니다.

 A2 처음 문을 열고 발을 들여놓는 순간부터 왠지 모를 가슴 벅참 때문에 마음을 진정시키는 것에 대부분의 시간을 할애했습니다. ○○사의 이직률이 가장 낮다는 말을 증명이라고 하듯 사원들의 얼굴에는 여유가 느껴졌고, 미소를 머금은 얼굴 뒤에는 애사심이 느껴졌습니다. 무엇보다도 저 또한 좋은 인상을 갖기 위해서 부단히 노력해야겠다는 생각과 회사 내 모든 선배님들과 친분을 쌓고 싶어졌습니다.

Q 전공이 경영학인데, 이 업무에 어떤 도움을 줄 것이라 생각하나?

 A1 경영학을 배우면서 저는 '기업'이 어떻게 돌아가는지를 배우고 큰 그림을 볼 수 있게 되었습니다. 나아가 영업에 필요한 물류관련 지식은 생산관리를 통해 배웠고, 마케팅 관리, 마케팅 조사론 등을 수강하면서 마케팅에 관련한 지식을 습득하였습니다. 제가 ○○에서 일하면서 난관에 부딪쳤을 때 일을 지혜롭게 풀어갈 수 있는 원동력이 될 것이라 생각합니다.

지원업무와 전공이 다른데도 서류심사에 통과되고, 면접에 참여하게 되었다면 기업에서는 성적보다 자기소개서에서 나타는 성격, 지원동기에 주목했다는 것이다. 다른 지원자와 전공이 다르다고 기죽지 말고, 다르기 때문에 더 나은 결과를 낼 수 있다는 답변을 하자.
　지원업무와 전공이 같다면 수업을 통해 배운 이론적인 부분을 실제에서 어떻게 연결시킬 수 있을지에 대해 긍정적으로 답변을 하면 된다.

⑤ 현재 트렌드나 관심 분야를 묻는 질문

Q 최근 신문에서 가장 인상 깊게 본 기사는?

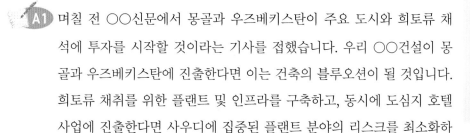 **A1** 며칠 전 ○○신문에서 몽골과 우즈베키스탄이 주요 도시와 희토류 채석에 투자를 시작할 것이라는 기사를 접했습니다. 우리 ○○건설이 몽골과 우즈베키스탄에 진출한다면 이는 건축의 블루오션이 될 것입니다. 희토류 채취를 위한 플랜트 및 인프라를 구축하고, 동시에 도심지 호텔 사업에 진출한다면 사우디에 집중된 플랜트 분야의 리스크를 최소화하

면접관이 "오늘 아침 신문 읽었나?", "최근에 가장 인상 깊은 신문 기사는?", "신문을 볼 때 어느 면부터 보나?" 등의 질문을 하는 경우는, 지원자가 발 빠르게 최신 정보를 습득하고 있는지를 알아보기 위해서다. 이때 가장 이슈가 되는 내용에 자신의 의견을 덧붙여 이야기하는 것도 좋고, 지원회사와 관련된 기사를 언급하면 회사에 대한 관심도가 높다는 것을 어필할 수 있다.

고 침체되어 있는 건축시장에 새로운 바람을 일으킬 좋은 기회가 될 것입니다.

A2 오늘 ○○신문에서 이 00사가 소비자들이 쉽게 접근할 수 있도록 ○○사 웹사이트를 일원화시키고 홈페이지를 SNS와 연동시킨다는 기사를 보았습니다. 이는 공급자적 마인드에서 소비자의 편의를 고려한 방향으로 한 단계 진보되었다고 볼 수 있습니다. 소비자의 목소리를 최대한 반영한다는 내용은 고객서비스에 대한 ○○사의 열정이 얼마나 큰 지 알 수 있었습니다.

 Q 최근 읽은 책에 대해 소개해보세요.

A1 강세형 작가의 『나는 아직 어른이 되려면 멀었다』입니다. 제목만 보고서는 아직 부족한 내 자신을 돌아보는 내용일거라 생각했지만 그렇시 않았습니다. 일상의 소소한 일들, 차분하게 흘러가는 시간들을 되돌아보며 쓸데없이 걱정하고 실망했던 저를 위로해주는 내용이었습니다. 저는 이 책을 읽고 난 후 나는 아직 어른이 되려면 멀었다는 성숙하지 못함에 대한 자괴감이 아닌, 나는 아직 어른이 되려면 멀었고 청춘이 있음을 안도하고 기뻐하는 자세로 힘차게 세상을 마주해 나갈 것이라고 다짐했습니다.

A2 얼마 전, 공지영 작가의 산문집 『네가 어떤 삶을 살든 나는 너를 응원할 것이다』를 읽었습니다. 공지영 씨가 엄마이자 더 많은 경험을 한 여성 사회인으로서 딸에게 하고 싶은 이야기를 편지글 형식으로 전하는 글이었는데, 같은 시대를 사는 여성으로서 공감 가는 부분도 많았습니다. 가장 기억에 남는 부분은 지금 사는 순간이 인생의 전부이기도 하니 최선을 다해 그 순간을 살아가라고 하는 부분이었습니다.

Q 최근 취직 활동 말고 다른 흥미를 느끼는 분야가 있습니까?

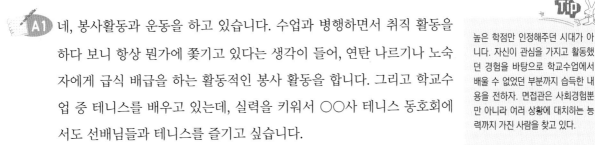

A1 네, 봉사활동과 운동을 하고 있습니다. 수업과 병행하면서 취직 활동을 하다 보니 항상 뭔가에 쫓기고 있다는 생각이 들어, 연탄 나르기나 노숙자에게 급식 배급을 하는 활동적인 봉사 활동을 합니다. 그리고 학교수업 중 테니스를 배우고 있는데, 실력을 키워서 ○○사 테니스 동호회에서도 선배님들과 테니스를 즐기고 싶습니다.

A2 중국어에 관심을 가지고 공부를 하고 있습니다. 학교에 중국인 친구가 많아 생활중국어회화를 습득하고 있습니다. 제가 지원한 이곳 ○○도 중국 시장 진출을 앞두고 있다고 알고 있습니다. 이러한 환경에 발맞추어 중국어는 필수라고 생각합니다. 언젠가는 제가 배운 중국어가 중요한 순간에 쓰일 것이라 믿고 공부하고 있습니다.

A3 취직 활동을 하면서 틈틈이 여행 책을 보고 있습니다. 유럽, 미국, 아시아 지역의 여러 나라를 보면서, 비록 지금 직접 가지는 못하지만 책을 통해 그곳에 있다는 느낌을 받을 수 있습니다. 그리고 여행 책을 보면 다른 문화를 이해하는 데 큰 도움이 됩니다. 이것은 입사 후에 ○○호텔에 방문한 외국인들의 문화를 이해하는 데 큰 도움이 될 것입니다.

Q 학점이 높은데 대학원에 진학하지 않고 취업을 하는 이유는 무엇입니까?

A1 대학원에 진학하거나 취업을 하기 위해 학점을 신경을 쓴 것이라기보다 매순간 제 자리에서 최선을 다하는 것이 제 신조였고, 대학생답게 공부를 열심히 했습니다. 그래서 전공공부를 배우면서 즐겁게 공부했고, 전공심화보다는 배운 것을 ○○○사에서 펼쳐보고 싶은 마음에 도전을 꿈꾸게 되었습니다. 이렇게 학점을 잘 받았던 것처럼 취업 후에도 제 위치에서 본분을 다 할 것입니다.

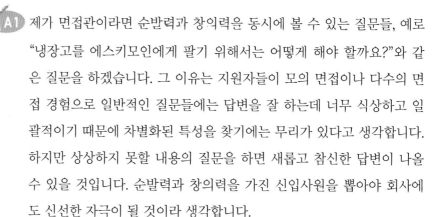

Q 당신이 면접관이라면 어떤 질문을 하겠습니까?

A1 제가 면접관이라면 순발력과 창의력을 동시에 볼 수 있는 질문들, 예로 "냉장고를 에스키모인에게 팔기 위해서는 어떻게 해야 할까요?"와 같은 질문을 하겠습니다. 그 이유는 지원자들이 모의 면접이나 다수의 면접 경험으로 일반적인 질문들에는 답변을 잘 하는데 너무 식상하고 일괄적이기 때문에 차별화된 특성을 찾기에는 무리가 있다고 생각합니다. 하지만 상상하지 못할 내용의 질문을 하면 새롭고 참신한 답변이 나올 수 있을 것입니다. 순발력과 창의력을 가진 신입사원을 뽑아야 회사에도 신선한 자극이 될 것이라 생각합니다.

Q 끝으로 할 말이나 질문 있습니까?

A1 만일 입사를 하게 된다면 몇 개월 다니다가 적응할 만 하면 떠나는 무책임한 행동은 하지 않겠습니다. 높은 보수만 보고 지원하거나 회사의 명성만 보고 이곳에 지원하지 않았기 때문입니다. 대학시절부터 이곳에 지원하기 위해 기업연구를 하고 경험을 쌓아온 저는 분명 다를 것입니다. 사람들과 화합도 잘 하고 일도 잘하는 사원이 되고 싶습니다. 감사합니다.

⑥ 기타 질문 (이색 질문-정답이 없는 질문)

Q 평일, 명동에는 얼마의 사람이 모일 것 같나?

A1 대략 80만 명 정도의 사람이 모일 것 같습니다. 일단 명동에 있는 가게, 직장들을 만 개 정도라고 하고 여기에서 근무하는 평균적인 사람의 수를 20명이라고 가정하면 총 20만 명의 사람들이 일합니다. 이 가게나 직장을 찾는 사람들을 하루 평균 60명이라고 가정하면 60만 명의 사

152

람들이 명동을 방문한다고 볼 수 있습니다. 그래서 총 약 80만 명의 사람들이 평일에 명동으로 모일 것으로 추정할 수 있습니다.

 Q 10만 원을 가지고 미국에 가는 방법은?

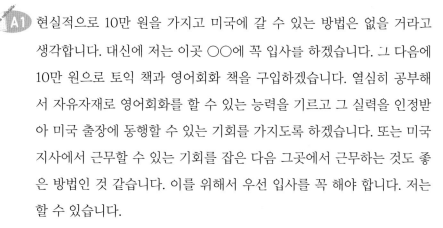

A1 현실적으로 10만 원을 가지고 미국에 갈 수 있는 방법은 없을 거라고 생각합니다. 대신에 저는 이곳 ○○에 꼭 입사를 하겠습니다. 그 다음에 10만 원으로 토익 책과 영어회화 책을 구입하겠습니다. 열심히 공부해서 자유자재로 영어회화를 할 수 있는 능력을 기르고 그 실력을 인정받아 미국 출장에 동행할 수 있는 기회를 가지도록 하겠습니다. 또는 미국 지사에서 근무할 수 있는 기회를 잡은 다음 그곳에서 근무하는 것도 좋은 방법인 것 같습니다. 이를 위해서 우선 입사를 꼭 해야 합니다. 저는 할 수 있습니다.

A2 10만 원을 가지고 미국에 가는 방법은 타인의 눈을 빌리는 것이 있습니다. 현실적이거나 냉철한 눈으로 미국을 보고 온 여러 에세이 작가들의 책을 읽는 것입니다. 자신이 보고 경험하면 좋겠지만, 다른 방법으로 타인은 어떻게 바라보는지도 중요합니다. 10만 원으로 5~6권의 여행 에세이를 사서 읽는다면 각기 다른 시선으로 미국을 다녀올 수도 있습니다. 그러면서 공감하고 이해하며 때로는 다른 의견을 내보이며 다양한 미국을 경험할 수 있을 것입니다.

답변할 때 주의 사항

NG 단어들 "어느 정도", "나름"

추상적인 단어는 피하자! "어느 정도 열심히 했습니다." 어느 정도는 도대체 어느 정도일까? "나름 최선을 다했습니다." 친구들끼리 사용하는 언어와 공식적인 자리에서 사용하는 단어는 확실하게 구분할 필요가 있다.

Q 이 전공자가 우리 업무와 잘 맞다고 생각하나?

 "영어전공자가 습득했던 지식을 대학교 밖에서 습득했고, 충분히 저의 것으로 소화했기 때문에 어느 정도 전문성을 깆추있다고 자신 있게 말할 수 있습니다."

→ "어느 정도" 전문성인지에 대한 설명이 필요하다.

Q 대학에서 친구들은 많이 만들었나?

 "학교생활을 나름 열심히 한다고 했지만, 대학교 시절에는 많은 친구들을 만들지도 못했습니다."

→ "나름"은 말 그대로 개인마다 기준이 다르다.

야구선수들은 한 번의 홈런을 치기 위해 하루에도 수백 번의 배팅연습을 한다. 마찬가지로 취업성공이라는 홈런을 치기 위해서는 예상할 수 있는 모든 질문에 대한 답변을 준비해둬야 실전에서 자신감 있게 실력을 발휘할 수 있다. 평소에 비속어나 유행어를 쓰고 있지는 않은지, 짧고 함축된 표현에 길들여져 있는 것은 아닌

지 생각해봐야 한다. 왜냐하면, 이런 나쁜 습관은 면접에서 긴장하다보면 꼭 드러나기 때문이다.

　자신의 긍정적인 면만 부각시켜 포장을 잘 해도 모자란 면접 시간에, 굳이 부정적인 메시지를 전달하지는 말자. "학생이라 아는 것은 별로 없지만", "경력이 없어서 아직 제 능력을 발휘하지는 못하겠지만" 등의 표현은 절대 사용하지 말자. 하고 싶은 말 앞에 이러한 표현을 쓴다면, 자신은 아는 것도 없고, 능력을 발휘하지 못하는 사람이라고 면접관에게 전하는 것과 같다.

　대신 자신감이 느껴지는 언어를 사용하자. "10년 뒤, 이 회사에서 가장 열심히 일하는 사람은 바로 저일 것입니다.", "저는 ○○의 직원으로 준비된 사람입니다.", "만약 인턴이라도 기회를 주신다면 열심히 노력해 보겠습니다."와 같이 자신 있게 대답하는 지원자에게 마음이 가는 것은 당연한 일일 것이다. 그리고 면접관이 자신에 대해 부정적인 정보들을 언급하고 압박질문을 던질 때에도 절대 말을 가로채지 말고 끝까지 들어 질문의 의도를 파악해서 답변을 해야 한다. 자신도 모르게 하는 실수가 면접관들이 볼 때는 무례하고 건방진 행위로 여겨질 수 있다.

Successfull
Employment &
Strengthening of
Ability

Chapter
09

프레젠테이션
면접 스킬

1. 설득을 목적으로 하는 발표

2. 다양한 질문의 종류

3. 호감가는 대화법

설득을 목적으로 하는 발표

취업을 할 때에도, 회사에 들어가서도 프레젠테이션을 할 기회가 많다. 프레젠테이션은 제한된 시간 내에 효과적으로 구성된 의견이나 정보를 정확히 전달하여 의사결정을 이끌어내는 커뮤니케이션 방법이다. 흔히 사람들 앞에서 파워포인트나 영상물과 함께 말하는 것을 프레젠테이션이라고 생각하지만, 앞에서 말하는 것 중 설득이 포함된 말하기는 모두 프레젠테이션에 해당된다고 볼 수 있다. 프레젠테이션은 기본 스피치 기술 외에도 설득 기술이 필요한데, 이 기술들이 잘 어우러져야 발표자가 원하는 바를 이룰 수 있다.

취업에서는 자신을 뽑아달라는 내용으로 설득을, 회사에서 본인부서의 계획서가 아주 훌륭하다는 내용으로 설득을 하는 것일 뿐, 차이는 없다. 발표자가 전하고자 하는 내용을 제안하고, 청중이 그 내용을 긍정적으로 받아들이게 하는 것에 목적이 있다.

프레젠테이션은 목적, 청중, 장소를 분석하는 것부터 시작이다.
목적-수업발표, 신입사원 채용 등
청중- 성별, 나이, 지식수준, 인원 수 등
장소- 발표장의 크기, 조명, 의자 배치, 기계 작동법 등

> **보통 발표자가 하는 착각 3가지**
>
> 1. 청중들은 자료를 보니까, 나는 준비한 원고를 그대로 읽으면 될 거야.
> 2. 자료를 틀리지 않고 읽으면 청중들이 이해를 잘 하게 될 거야.
> 3. 발표내용만 확실하게 준비하면 어떤 청중이라도 설득시킬 수 있을 거야.

① 발표자의 역할

착각 1 청중들은 자료를 보니까, 나는 준비한 원고를 그대로 읽으면 될 거야.

빔 프로젝트를 이용한 자료로 발표를 할 때, 발표자는 구석에서 내용만 읽는 경우가 있다. 발표의 주인공은 발표 자료가 아니라 발표자이다. 발표자가 인사를 할 때에도 청중이 자신을 다 볼 수 있게 중간으로 위치해서 주인공임을 알리자.

발표에서 실패하기 쉬운 사례가, 발표자는 자신의 원고를 보고 읽고 청중은 화면

에 있는 자료나 발표집을 보는 것이다. 발표자는 청중과 눈빛교환에도 실패하게 되고, 청중은 눈으로 이미 자료를 다 읽었기 때문에 발표자의 말이 지루하게 느껴진다. 무슨 일이 있어도 원고는 다 숙지하고, 발표 자료의 순서만 적힌 종이를 가지고 개요위주의 발표를 준비해야 한다. 이미 다 나와 있는 내용을 육성으로만 듣기 위해 발표장에 오는 청중은 없을 것이다. 종이나 화면에 나와 있지 않은 그 무엇을 발표자는 보여 주어야 한다.

② 입말로 전달하기

> **착각 2**   자료를 틀리지 않고 읽으면 청중들이 이해를 잘 하게 될 거야.

원고를 보고 읽는 것보다는 청중이 보고 있는 화면을 같이 보며 읽는 것이 효율적이다. 원고에는 조사 하나, 예시 하나가 모두 적혀 있기 때문에 하나라도 빠뜨리면 순서에 맞지 않게 다시 읽어야 한다는 강박관념에 휩싸이게 된다. 화면에 적힌 내용 위주로 읽되, 그대로 똑같이 읽으면 발표자의 역할이 없어지기 때문에 글로 쓰여 있는 내용을 입말로 바꾸어 주어야 한다.

```
프레젠테이션  =  제안형 스피치
                설득 스피치
```

"프레젠테이션은 제안형 스피치, 설득 스피치입니다." 라고 그대로 읽기보다, "프레젠테이션은 청중에게 자신의 의견을 제안하고, 설득으로 이끄는 스피치라고 할 수 있습니다."로 살아 있는 스피치를 해야 한다. 글에는 "아르바이트를 하는 등 여러 노력을 하였고, 그로 인해 등록금을"이라고 되어 있더라도, 입말로 바꿀 때는 "~하는 등", "하였고", "그로 인해" 등과 같은 글말을 "~하면서", "했고", "그 결과로"의 입말로 자연스럽게 풀어쓰면 청중은 보다 더 이해가 잘 될 것이다. 특히 우리말에는 음운축약이 있어 "하여" → "해", "보아" → "봐", "되어" → "됐"으로 입말에서는 줄여서 발음해야 더 자연스럽다. 그 차이를 알고 싶다면 다음 문장들을 소리 내어 읽어 보자.

> 글말   여기를 보아주십시오. 저희 업체는 1987년 개업하여, 지금은 200명이 넘는 사원을 확보하게 되었습니다.
>
> 입말   여기를 봐주십시오. 저희 업체는 1987년 개업해, 지금은 200명이 넘는 사원을 확보하게 됐습니다.

발표할 때 입말이 효과적이라고 했지만, 글말을 그대로 소리 내어 전달해야 하는 경우도 있다. 기자회견, 대변인이 하는 발표에서는 단어 하나, 조사 하나에 따라 뉘앙스가 달라지기 때문에 미리 준비한 원고를 그대로 읽는 것이 전달력을 높일 수 있다.

③ 청중 분석하기

착각 3   발표내용만 확실하게 준비하면 어떤 청중이라도 설득시킬 수 있을 거야.

혼자 연습할 때는 완벽했는데, 청중 앞에서 발표할 때 무언가 전달이 잘 안되고 있다는 생각이 들 때가 있다. 원고를 완벽히 숙지하고 자료도 부족함이 없고 발표자의 컨디션도 최고인데 무엇이 문제였을까? 바로 청중에 대한 정보가 부족해서이다. 프레젠테이션은 발표자-내용-청중 이 3박자가 잘 맞아야 다음 단계로 넘어갈 수 있다.

발표자의 스피치, 내용까지 준비했다면 청중에 대해서 알아보자. 취업에서 프레젠테이션을 할 때에 청중은 자신보다 나이가 많고 해당 전문지식이 높다는 것을 예상할 수 있다. 회사에서 프레젠테이션을 할 때에는 프레젠테이션을 의뢰한 부서에다 청중에 대한 정보를 물을 수 있다.

이 때 확인할 내용은 다음과 같다.
- ⊘ 청중 인원수, 연령, 성별
- ⊘ 청중 학력, 전공
- ⊘ 발표자와 청중의 관계

청중의 인원수에 따라 발표자는 피드백 차이를 느끼게 된다. 15명 이하의 소규모라면 개별적으로 눈빛과 의견을 교환할 수도 있고, 청중의 상태를 빨리 파악할 수 있게 된다. 반면 청중의 규모가 커지면 장소 역시 발표자의 무대와 청중으로 구분되어 있어서 피드백이 어려워진다. 피드백이 적을수록 발표자는 자신이 준비한 내용만 전달하게 되어 예상 시간보다 빨리 끝날 수도 있다는 점을 기억하고, 내용 준비를 넉넉하게 준비하도록 한다.

청중의 나이가 발표자보다 아래이거나 비슷하면 말의 속도를 조금 빠르게 하고, 최신 유행어나 단어들을 사용하면 동질감을 불러 일으켜 거리를 좁힐 수 있다. 나이가 한참 어린 청중 앞에서 발표하더라도 꼭 존칭을 사용하도록 해서 반발심을 갖지 않게 하자. 발표자보다 나이가 많을 경우는, 말의 속도는 조금 느리게 하고 정확한 발음과 경어 사용에 신경 쓰도록 한다. 언어 습관이 잘못 되어 있는 사람은 어미가 부정확해서 반말처럼 들릴 수도 있는데, 윗사람에게 무례하게 보인다는 것을 명심하자.

> "그러니까…이 방법이 안 어려운데…사람들이 쉽지 않다고 생각하는 거지…아마 다들 그렇게 생각할 텐데…한 번 해보면 생각이 달라지니까…이번 기회에 한 번 사용해보라고 하는 건데…"

본인은 반말을 했다고 생각하지 못하겠지만, 듣는 사람은 거북하게 느끼고 무시당하고 있는 생각을 지울 수 없을 것이다. 공식적인 말하기에서는, -다, -까 체 위주를 사용하도록 하자.

> "사실 이 방법이 그리 어렵지는 않습니다. 지금 여기 계신 분들도 쉽지 않다고 생각하실 텐데, 직접 한 번 사용해보시면 생각이 달라지실 겁니다."

청중의 성별을 미리 알게 된다면, 발표자가 예문을 만들 때 청중이 호응할 만한 내용으로 분위기를 이끌 수 있다. 남성 청중이 많은데 예를 쇼핑으로 든다거나 여성 청중이 많은데 군대 에피소드로 이야기를 한다면 공감대를 형성하기 어려울 것이다.

청중의 학력에 따라 단어 선택도 달라진다. 고학력일 경우 외국어 사용과 전문지식 단어를 사용해도 되지만 그렇지 않을 경우는 발표자가 잘난 척하는 것으로만 보이기 때문에 학력사항으로 미리 알아둘 필요가 있다. 전공에 따라서는 결론을 도출하는 과정이 달라지는데, 이과계통은 핵심과 결론부터 전달해야 하고, 문과계통은 과정을 먼저 설명하고 결론을 이끄는 전달을 선호한다. 실제 취업면접에서도 이과계통은 "학교 성적이 왜 이렇게 안 좋습니까?", "대학시절 가장 보람된 순간은?"과 같이 눈에 보이는 것을 묻는다면, 문과계통은 "만약 1억 원이 생긴다면 무엇을 하고 싶습니까?", "버스에 아이를 업은 여성과 지팡이를 짚은 할머니가 있다면 누구에게 자리를 양보하겠습니까?"와 같이 정답이 없는 질문을 해 지원자의 성격을 파악하려고 한다.

발표자와 청중은 설득하느냐 당하느냐의 관계이기 때문에, 자신과 어떠한 이익관계의 청중이 들어오는지 알아두어야 한다. 특히 가장 큰 영향력을 가진 사람을 염두에 두고 그에 맞게 발표내용과 속도를 조절할 필요가 있다. 그리고 청중이 원하는 것을 파악하여 청중 중심으로 발표를 전개해야 한다. '나 vs 회사', '내 회사 vs 당신네 회사'처럼 이분법으로 나누는 것보다 "우리"라는 큰 틀 안에 포함시키는 것이다. '우리는', '여러분과 저는', '저는 우리 ○○를 위해서' 등의 단어를 자연스럽게 사용한다면 청중은 하나 된 느낌을 전달받을 수 있게 된다. 발표자는 절대 자신이 청중보다 더 나은 사람이기 때문에 앞에서 말을 하고 있다는 생각을 하면 안 된다. 우월의식에 빠진 발표자는 '여러분이 아실지 모르겠지만', '제가 가르쳐드리겠습니다.' 등의 표현을 사용하지만, 겸손함이 묻어나는 발표자는 '여러분도 아시겠지만', '제가 알려드리겠습니다.' 등으로 청중을 존경하는 표현을 사용한다.

④ 시간 엄수도 발표 기술

보통 발표는 시간이 정해져있다. 15분이면 15분, 30분이면 30분 정확하게 맞추어야 한다. '알아서 시간을 더 주겠지'라는 생각으로 준비했다가, 정작 가장 중요한 결론을 말하지 못한 채 끝이 나버릴 수 있다. 요즘은 시간이 다 되면 마이크를 꺼버려 진행자가 중단을 요청하는 경우도 있으니 예행연습부터 시간 체크하는 습관을 들이자.

시간이 촉박해지면, "시간이 없으니까", "준비한 것은 많은데 빨리 끝내라고 하니까", "시간이 다 되어서 마칩니다." 등으로 청중의 마음까지 조급하게 만드는 발표자는 시간조절 뿐 아니라 내용전달도 실패한 것이다. 시간이 없는 것은 발표자 자신이지 청중은 내용을 듣고 싶어 하기 때문이다. 급하게 끝내더라도 꼭 전달하고자 했던 내용으로 마무리하자.

끝낼 때는 정확하게 끝내자. "마지막으로"를 남발하는 사람들이 있는데, 진짜 마지막일 때만 "마지막으로" 라는 표현을 사용하도록 한다.

다양한 질문의 종류

면접 지원자가 면접관에게 질문할 경우는 거의 없다. 하지만 면접장에서 그 어떤 면접관을 만날지 모르기 때문에 다양한 질문 기법을 익혀야 그에 적합한 답을 할 수 있다. 특히 프레젠테이션 면접은 발표 후에 2~3가지의 질문을 받게 된다. 일반적인 상황에서의 예를 들며 질문들을 분석하도록 한다.

 ## 개방형 질문과 폐쇄형 질문

사람과 사람이 만나면 서로에 대한 호기심으로부터 이야기가 시작된다. 가장 많은 질문이 오고 가는 상황이 남녀의 첫 만남이 될 것이다. 가족관계는 어떻게 되는지, 취미는 무엇인지, 사는 동네는 어디인지 묻게 되는데, 대화를 이끄는 사람의 화법에 따라 만남의 결과가 결정된다.

커피숍에 가면 소개팅을 하는 남녀를 발견할 수 있는데, 그 장소에서 한 남자가 여자에게 한 질문들이다.

"오늘 오시기 힘드셨죠?"

"여기 와 보셨어요?"

"아메리카노 괜찮으시죠?"

"소개팅은 자주 하세요?"

이 질문에서 나올 수 있는 답은 "예." 아니면 "아니요."이다. 이런 질문이 생활화되어 있다면 상대방의 이야기를 끌어내기 어렵다. "아메리카노 좋아하세요?"가 폐쇄형 질문이라면, "어떤 커피 좋아하세요?"는 여러 답이 나올 수 있는 개방형 질문이다. 첫 번째 질문에 "예."라고 답한다면 두 번째 질문에는 "에스프레소, 아메리카노, 카페라떼…" 셀 수 없이 많은 경우의 수가 나오게 된다. 상대가 "카라멜 마끼아또 좋아해요."라고 하면, "저도 카라멜 마끼아또 좋아합니다. 단 걸 좋아하거든요. 디저트는 어떤 걸 좋아하세요?" 식으로 들은 이야기 중에서 또 질문을 이어 나가고, 자신의 경험을 이야기하게 되면 이게 바로 주고받는 대화의 시작인 것이다. 대화의 시작은 질문이다.

그렇다고 항상 개방적 질문만 해야 한다는 것은 아니다. 빠른 결과를 필요로 할 때, 예를 들어 법정에서는 "돈을 빌려 주셨습니까?", "차용증을 쓰셨습니까?", "증인이 있습니까?"처럼 "예, 아니요."로 대답하는 폐쇄형 질문이 효과적이다. 상대가 마음을 좀처럼 쉽게 열지 않고 말을 하려고 하지 않을 때에도, 폐쇄형 질문으로 상대의 말문을 열다가 점점 개방형 질문으로 바꾸어 나가면 대화가 잘 풀리는 것을 느낄 수 있을 것이다.

길에서 호객행위를 하는 사람들의 첫 질문은 대답하기 쉬운 폐쇄형 질문들이다. "대학생이시죠?", "지하철 타시러 가는 거죠?"의 질문으로 일단 상대방이 "예"라고 하기를 기다렸다가, 호객행위를 시작하는 것이 대부분이다.

면접관이 폐쇄형 질문을 주로 한다면, 당신은 "예, 아니요." 만 면접에서 말하고 집에 돌아올 것인가? 면접관이 개방적 질문을 하든 폐쇄형 질문을 하든 휘둘리지 않아야 한다. 만약 "여자 친구 있습니까?"라는 질문의 답에 질문의 형식에 맞게 "있습니다.", "없습니다."까지만 하고 침묵을 지켰는데, 그 다음 질문이 다른 지원자에게로 넘어간다면 한 번 온 기회를 놓친 것이다. 폐쇄형 질문도 개방형으로 답하는 것이 면접에서의 법칙이다. "아쉽게도 여자 친구가 없습니다. 이 회사에 입사를 준비하면서 합격할 때까지는 그 어떤 욕심도 가지지 않기로 제 자신과 약속했습니다. 합격한 후에는 여자 친구를 만들 계획입니다. 꼭 연애하게 해주십시오!"라고 하면 내용은 똑같지만 훨씬 돋보이지 않을까?

② 양자택일을 권하는 질문

면접에서의 대화는 한 사람이 다른 사람에게 나를 채용해달라고 부탁하는 설득 목적의 대화이다. 설득이 가장 강한 곳이 물건을 판매하는 백화점이다. 상대의 마음을 움직여 물건을 사게 하는 것과 면접관의 마음을 움직여 나를 채용하게 하는 것, 똑같지는 않지만 알아볼 필요가 있을 것이다.

판매직에 종사하는 사람들은 고객이 선택을 할까 말까 고민할 때에, 양자택일 질문을 해서 물건을 구입하게 만든다.

"이 구두 구입하겠어요?"
"이 구두 정말 편해서 다들 몇 켤레씩 사가세요. 분홍색으로 하시겠어요? 검정색으로 하시겠어요?"

운동이나 해볼까하고 헬스클럽을 둘러보러만 갔는데, 등록을 하고 온 자신을 발견한 적이 있다면 이 질문을 살펴보자.

"오늘 등록하시겠어요?"
"오늘 등록하시면 운동복 대여가 무료인데, 1개월 등록하시겠요, 3개월 등록하시겠어요?"

뮤지컬 <미스 사이공>이 보러 가고 싶을 때 우리는 어떤 식으로 질문을 할 수 있을까? "뮤지컬 보러 갈래요?"라는 질문에는 "예, 아니요."라는 답이 나오겠지만 "아니요."라는 답이 나올 확률이 반반이다. "어떤 뮤지컬 보러 갈래요?"의 경우, 뮤지컬 자체에 대한 관심이 없다면 원하는 방향으로 이끌기 힘들다. 내가 원하는 것이 정해져 있을 경우, 양자택일을 권하는 질문을 하면 목적지에 빨리 도달할 수 있다.

"뮤지컬 <캣츠> 볼래요, <미스 사이공> 보러 갈래요?"

이 질문을 하면, 상대방은 머릿속에 <캣츠>와 <미스 사이공> 두 가지 중에 고르는 고민만 하게 된다. 뮤지컬을 볼지 안 볼지에 대한 고민을 하지 못하게, 뮤지컬을 본다는 전제 하에 두 가지 중에서 하나만 고르게 하는 방법이다.

만약 A와 B중에서 B를 내가 더 추천하고 싶다면, "A를 하시겠어요, B를 하시겠어요?"처럼 B를 후자에 두도록 한다. 사람들은 최근에 들은 것을 더 잘 기억하고 말하는 습관이 있다.

③ 대답하고 싶은 질문

답변을 잘 하는 사람보다 더 능력 있는 사람은 질문을 잘 하는 사람이다.

질문은,

❶ 내가 궁금해서 하는 질문
❷ 상대방이 대답하고 싶은 질문

①에서 호기심이 지나치면 어린 아이들의 질문과도 같은 형태로, 나는 궁금하지만 상대방은 대답하고 싶지 않을 수 있다. "너 어디어디 성형했니?", "그 헤어진 남자친구는 아직 연락이 한 번도 없는 거야?", "자네 회사 망했다더니, 어떻게 되는 거야?" 등의 질문이 이에 해당한다.

그리고 ②는 회사생활에서 아부형식으로 잘 사용되는데, 나는 궁금하지 않지만 상대방이 대답하고 싶은 질문을 던지는 것이다. "어머, 새로 차 구입하셨네요. 차 어때요?", "선배님, 어쩜 이렇게 피부가 좋으세요? 비법 좀 알려주실 수 있어요?" 등과 같다.

①, ②가 조화를 잘 이루면 나도 궁금하고 상대방이 대답하고 싶은 성공적인 질문이 된다. 면접관은 어떤 질문을 많이 하게 될까? 면접관이 궁금한 내용이지만 지원자는 대답하고 싶지 않은 질문이 거의 90%이기 때문에 예상 질문을 찾아보아야 한다.

> "토익 성적이 왜 이렇게 낮아요?"
> "군대는 일부러 안 간 것 아닙니까?"
> "집에 돈도 많은데 왜 취직하려고 합니까?"

면접장에서는 이러한 질문에도 지원자는 미소를 지으며 친절하게 답변해야 한다. 기분 나쁘라고 질문하는 게 아니라 마음 상하고 곤란한 상황에 지원자가 어떻게 대처하는지 보기 위해서이다. 면접관의 의도를 파악하고 질문에 답을 하지 못한다면 그 면접은 실패한 것이나 다름없다.

질문게임

수업 시간에 학생들의 질문능력을 향상시키기 위한 실습으로, 한 학생이 무대에 나와서 1분 자기소개를 하고 4~5명의 다른 학생들이 그 학생에게 질문을 던지는 게임을 실시한다. 이때 자기소개를 한 학생은 다른 학생들의 질문을 다 듣고 그 중 하나만 답을 해야 한다.

짧게 답을 하고 난 후, 그 학생에게 왜 이 질문에 답을 했냐고 물어보면 '대답하기 쉬울 것 같아서', '요즘 가장 관심사라서', '다른 질문들은 너무 개인적인 이야기라서' 등의 여러 이유들이 나온다. 질문을 할 때 상대에게 관심을 가지고 눈높이에 맞게 질문을 던져야 한다. 여기에서 포인트는 '상대방이 대답하고 싶은 질문'을 해야 한다는 것이다.

"학교 성적이 좋지 않군. 어떻게 생각하나?"에 대한 답으로 지원자들은 "죄송합니다.", "1, 2학년 때 학교에 적응을 못해서요."라고 하며 낮은 성적에 주눅이 드는 경우가 많다. 이 질문은 지원자를 파악할 정보가 대학 성적뿐인 상황에서 지원자가 회사에서도 성실도가 떨어질까 우려해서 하는 것이다.

이런 의도라면 어떤 답을 하는 것이 좋을까?

"네, 학교 응원동아리 활동에 집중한 나머지 학교성적에 신경을 쓰지 못한 점은 사실입니다. 하지만 이를 통해 사람들과의 우정, 학교를 대표하는 사람으로서의 자세와 마음가짐을 배웠기 때문에 대인관계에 성적표가 있다면 All A+가 나왔을 것입니다. 그리고 취업을 준비한 4학년 1학기부터는 성적표에도 나와 있듯이 4.0이상을 받아왔습니다. 이 회사에 취업하고 싶은 열정만큼은 인정해주셨으면 좋겠습니다."

면접관의 질문에 정색하고 변명을 하거나 죄 지은 듯 고개 숙이지 말고 질문의 의도를 파악하여 그들이 궁금해하는 답을 하도록 하자.

호감가는 대화법

긍정 화법

항상 푸념만 하고 불평불만이 많은 사람을 만나면 자신도 모르게 그 사람의 우울한 기운을 전달받아 기분이 좋지 않았던 기억은 누구나 있을 것이다. 인사말로 건넨 "잘 지내지?"에 대한 답변도 "그냥 사는 거지, 뭐. 잘 지내는 게 어떤 건지 모르겠다."처럼 부정적으로 답하는 사람과 "그럼, 잘 지내지. 요즘만 같으면 좋겠어."라고 밝고 긍정적으로 답하는 사람이 있다면 어떤 사람과 자주 만나고 싶을까.

겸손함이 지나쳐 부정적인 표현을 하게 되는 경우가 있다. 자신의 긍정적인 면만 부각시켜 포장을 잘 해도 모자란 면접 시간에, 굳이 부정적인 메시지를 전달하지는 말자.

"4학년이라 아는 것은 별로 없지만",

"경력이 없어서 아직 제 능력을 발휘하지는 못하겠지만",

"전공이 달라서 해당 분야의 이론적 지식은 부족하겠지만" 등의 표현은 절대 사용하지 말자. 하고 싶은 말 앞에 이러한 표현을 쓴다면 자신은 아는 것도 없고 능력도 제대로 발휘하지 못하는 사람이라고 면접관에게 전하는 것과 같다.

대신 자신감이 느껴지는 긍정적인 표현을 사용하자. "나이는 많지만 그만큼 대인관계나 업무에 있어서는 다른 지원자보다 뛰어날 것이라 생각합니다.", "10년 뒤, 이 회사에서 가장 열심히 일하는 사람은 바로 저일 것입니다.", "저는 ○○의 직원으로 준비된 사람입니다.", "만약 인턴이라도 기회를 주신다면 열심히 노력해 보겠습니다."와 같이 자신 있게 대답하는 지원자에게 마음이 가는 것은 당연한 일일 것이다.

프레젠테이션 상황에서도 "생각보다 사람들이 많이 안 왔네요.", "프로그램이 예전 버전이라 잘 안 되네요.", "제가 아침에 늦게 일어나서 정신이 없네요."라는 말은 전혀 필요 없을 것이다. 면접시작 뿐 아니라 면접장에 들어서는 순간부터 긍정적 이미지를 전할 수 있도록 노력하자.

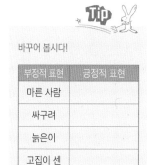

Tip

바꾸어 봅시다!

부정적 표현	긍정적 표현
마른 사람	
싸구려	
늙은이	
고집이 센	

② 쿠션 용어

부탁하는 상황에서 너무 직접적으로 요청을 하다보면 자신이 원하는 부탁이 들어지지도 않을 뿐더러 상대방을 불쾌하게 만들 수도 있다. 교통체증으로 약속시간을 1시간 늦춰야 한다면 상대방에게 어떻게 말을 할 수 있을까? "차가 너무 막혀서요. 1시간만 더 기다려주세요."라고 한다면 거절당할 확률이 높다. 나의 요청을 들어주게 하기 위해서 어떻게든 "예"라는 답이 나오게 해야 한다. 다음의 문장들을 읽어보자.

> ① "조금만 더 기다려 주십시오."
> ② "죄송합니다만 조금 더 기다려 주십시오."
> ③ "죄송합니다만 조금 더 기다려 주시겠습니까?"
> ④ "죄송합니다만 기다려 주실 수 있으신지요?"

①이 명령적인 느낌이라면 ④로 갈수록 청유형이 되며 점점 부드러워지고 고개도 점점 내려가는 겸손한 느낌이 든다. "죄송합니다만"이라는 표현으로 곤란한 상황에 대한 사과를 미리 하고 내가 상대에게 원하는 행동을 청유형으로 묻는다면 상

대가 어쩔 수 없이 "예."라고 대답할 확률이 높다. "죄송합니다만" 대신에 상황에 맞게 "번거로우시겠지만", "괜찮으시다면", "수고를 끼쳐드려 죄송합니다만"을 써보자.

> "번거로우시겠지만, 다시 한 번 작성해주시겠습니까?"
> "괜찮으시다면, 이 책을 빌려가도 되겠습니까?"
> "수고를 끼쳐드려 죄송합니다만, 복사를 해도 되겠습니까?"

부탁하는 상황에도 "죄송합니다만"이 사용되지만 거절하는 상황에서도 효과적으로 사용할 수 있다. 거절은 상대방의 요구, 제안, 부탁을 받아들이지 않고 물리치는 상황에서 행해진다. 상대방의 체면을 손상시킬 수도 있기 때문에 원만한 대인관계를 위해서는 부드럽게 거절하는 방법을 알아야 한다. 거절의 3단계를 알아두자. ①죄송합니다만 + ②거절하는 이유 + ③대안책의 순서를 지켜 거절해보자. 대안책은 청유형일수록 "예"라는 답변이 나올 확률이 높다.

부탁	이 자재를 15% 할인해주면 안 될까요?
거절	"죄송합니다만 가격을 깎아드리기는 힘들겠는데요. 대신 괜찮으시다면 이 상품을 서비스해 드릴 수는 있습니다만, 어떠세요?"

"죄송합니다만" 대신에, "공교롭게도", "모처럼 부탁하셨는데", "사정은 이해합니다만"을 사용해보자.

부탁	"백만 원만 빌려주면 안 될까?"
거절	"공교롭게도, 저도 이번 달 월급이 줄어들어서 빌려야 할 상황이거든요. 다른 사람에게 물어보면 안 될까요?"

부탁	"나, 지방 출장가야 하는데 차가 수리 중이라서 차 좀 빌려줄 수 있나?"
거절	"모처럼 부탁하셨는데 오늘 동생이 차를 몰고 어딜 가버렸어요. 다음에 부탁하시면 그때 빌려드리면 안 될까요?"

세상 모든 사람들의 부탁을 들어줄 수 있는 능력이 있고, 손해 봐도 속상하지 않다면 몰라도 싫은 것을 억지로 해서 서로 불편해지는 것보다 미리 거절하는 것이

예의이다. 거절을 제대로 하지 않아 상대방은 해결해주리라 기대하고, 자신 역시 불편해서 피하게 된다면 대인관계는 점점 좁아지게 될 것이다. 상대방이 기분 나쁘지 않게 부탁도 하고 거절도 한다면 서로서로 마음의 무게를 덜 수 있게 되지 않을까?

프레젠테이션 상황에서도 "죄송하지만, 뒤에 불 좀 켜주시겠습니까?"라고 공손하게 부탁을 한다면 이 사람에 대한 긍정적인 평가가 이미 시작될 것이다.

③ 나-전달법 (I-Message)

나-전달법은 주어가 일인칭인 '나'로 시작하는 대화법으로, 문제가 되는 상대방의 행동을 직접적으로 공격하지 않으면서 자신의 감정과 생각을 전달할 수 있는 화법이다. 의사소통에서 문제가 되는 상황은 대부분 주어가 '너'로 시작하는 너-전달법이다.

예를 들어 지각을 자주 하는 동료에게 할 수 있는 말은 "(너) 지각 좀 하지 마.", "(너) 일찍 좀 다녀."일 것이다. 비록 괄호 부분이 생략되어 있지만 상대방에서 직접적으로 책임을 지우는 너-메시지인 것이다. 이러한 너-메시지를 나-메시지로 바꾸어서 말하게 되면 상대의 체면도 상하지 않으면서 나의 전달효과도 더 확실해질 것이다.

나-전달법은 1단계: 상대방의 행동, 2단계: 그 행동이 미치는 영향, 3단계: 그 결과에 대한 나의 느낌이나 감정을 단계별로 말하는 것이다.

"지각 좀 하지 마"를 나-전달법으로 만들면

> 1단계: "네가 자꾸 지각을 하니까",
> 2단계: "사람들이 너에 대해 말들이 많아.",
> 3단계: "나는 그런 네가 걱정이 된단다."로 바뀐다.

"컴퓨터 게임 그만 해"를 나-전달법으로 만들면

> 1단계: "네가 컴퓨터 게임을 너무 오래 하니까",
> 2단계: "불빛 때문에 내가 잠을 잘 수가 없어."
> 3단계: "요즘 잠이 부족해서 너무 스트레스를 받아."가 된다.

나-전달법은 너-전달법에 비해 덜 공격적이기 때문에 부드러운 대화를 이끌 수 있다. 강한 것만이 확실한 방법이라는 생각을 버리자.

수업 시간에 발표를 한다고 생각하고 발표계획서를 작성해보자.

발 표 계 획 서

작성자:

해당 기관		프로그램명	
일 시		장 소	
대 상		인 원	
		연령/성비	
발표 주제			
발표 목표			
기 자 재	빔프로젝트 □, 스크린 □, 노트북 □, 화이트보드 □, 스피커 □, 유무선마이크 □, 카메라 □, 비디오카메라 □, 프리젠터 □, 교재 □, 유인물 □		

교육 내용		교수법	시간	기자재
도 입				
본 론				
마무리				
기 타 (과제 및 피드백)				

개방적 질문과 폐쇄적 질문을 각각 만들어보자.

🗨️ **개방적 질문**

🗨️ **폐쇄적 질문**

 쿠션용어를 이용해서 옆 친구에게 펜을 빌려 보자.

 펜을 빌리는 친구에게 쿠션용어를 이용해 거절해보자.

 나는 발표를 할 때 어떠한 청중 앞에서 가장 편한가? 청중을 분석할 수 있는 대로 모두 해보자. 그리고 그 이유는?

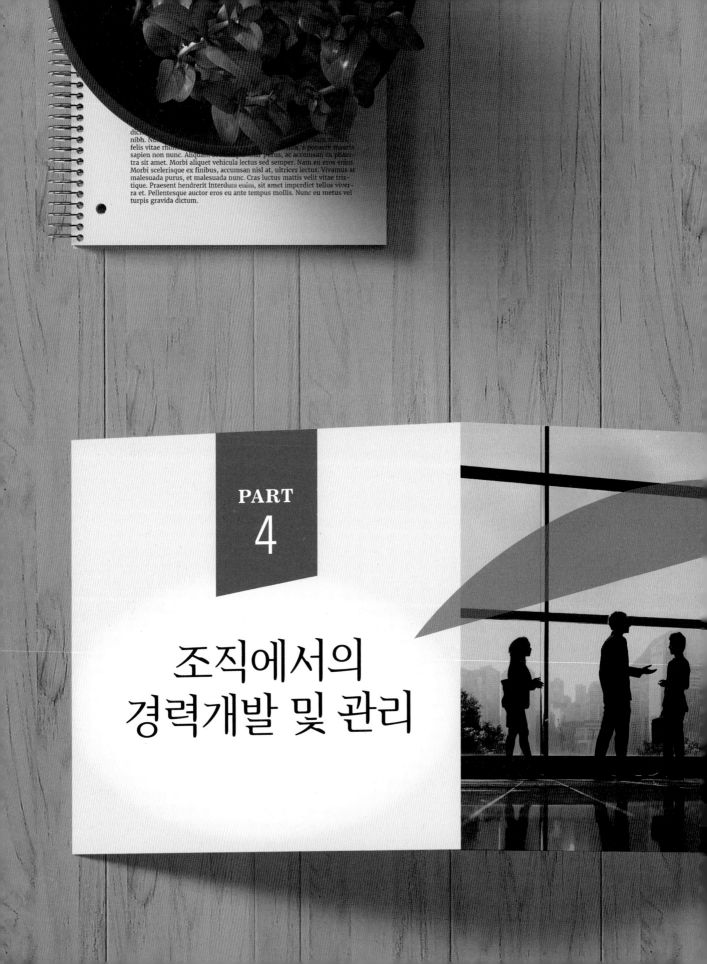

PART
4

조직에서의
경력개발 및 관리

성공적인 취업과
자기역량 강화

Chapter

10

신뢰감 주는
직장인의 매너

비즈니스 매너와 이미지메이킹

 ## 에티켓, 매너, 의전

(1) 에티켓이란?

에티켓(Etiquette)은 프랑스어로 '공공장소에서의 유의사항'이라는 뜻과 함께, 명찰이나 꼬리표의 뜻도 있다. 프랑스 루이 14세가 베르사유 궁전을 지었을 때 정원사는 정원 곳곳에 '출입을 금함'이라고 하는 나무 팻말을 세웠다. 그 이후 사람들 마음속에 세워두어야 할 나무 팻말처럼 '사회인으로서 지켜야 할 규범'으로 자리 잡게 되었다는 주장이 있다.

또 다른 주장으로는 베르사유 궁전에 귀족들이 출입할 수 있는 출입증에서 유래된 것으로, 귀족신분을 나타내기 위한 일종의 꼬리표란 의미로 사용되었다고 한다. 루이 13세의 왕비인 안 도트리슈의 노력으로 궁정 에티켓이 발달하여 루이 14세 때에 완전히 정비되었다. 이때부터 사람들이 예의에 맞는 행동을 하면 "에티켓대로 행동했다"라고 말하게 되었다. 그러나 루이 16세 때 프랑스 혁명으로 인해 일단 쇠멸하는 듯했지만 나폴레옹이 부활시켰다고 한다.

에티켓은 상대의 인격을 존중하고 폐를 끼치지 않으려는 자세이다. 즉 그 사회와 문화가 요구하는 기본적인 예절을 인간 사이에서 지키는 것이다. 예전에는 각 사회마다 그 차이가 심했지만 오늘날에는 각 사회의 전통과 예절을 인정하고 이해해주는 것이 상식이다.

(2) 매너란?

매너(Manner)는 라틴어 manus(hand)와 arius(more by manual)의 합성어인 manuarius가 어원으로, '사람들의 행동방식'을 의미한다. 매너에서 가장 중요한 원칙과 기준은 상대방에 대한 배려이다. 함께 식사하는 사람과 속도를 맞추어 음식을 먹는다든지, 차를 마실 때 쩝쩝 소리를 내지 않는다든지 등의 일상적인 행동도 포함된다.

영국의 엘리자베스 여왕이 중국의 고위층 관리와 식사 시에 테이블에 놓인 핑거볼의 물을 중국 관리가 마셔 버리자, 엘리자베스 여왕 또한 아무렇지도 않은 듯 핑거볼을 마셨다고 한다. 이는 매너와 에티켓을 구분할 수 있는 유명한 일화인데, 여왕의 행동은 에티켓에는 어긋나는 행동이었으나 상대방의 마음을 헤아려 주는 최상의 매너였던 것이다.

에티켓과 매너를 이해하기 쉽게 구분을 해보자. 에티켓이 사람들 사이의 합리적인 행동기준을 가리킬 때 사용되는 '의무사항'이라면, 매너는 그 에티켓을 가장 잘 나타내는 '희망사항'이 되는 것이다.

에티켓은 원만한 대인관계를 위해 꼭 필요한 것이며, 매너는 그 에티켓을 얼마나 잘 표현하느냐 하는 것이다. 예를 들어 도서관에서 휴대전화를 진동모드로 바꾸는 것은 에티켓이고, 휴대전화가 울려 밖으로 나가 통화를 하는 것은 매너라고 할 수 있다. 따라서 아무리 에티켓에 맞는 행동이라 해도 매너가 훌륭하지 못하면 그 사람의 행동은 예의를 벗어난 것으로 인식이 된다.

(3) 의전이란?

의전은 국가 간의 관계에서 가장 기본이 되는 예법, 지켜야 할 예법이라는 사전적 의미를 가지고 있다. 개인 간의 관계에서 지켜야 하는 기본 예의범절을 에티켓이라고 한다면 의전은 국가 간의 관계 또는 조직 간의 관계에서 지켜야 하는 규범을 의미한다.

서양에서는 나폴레옹 전쟁 후 전후처리를 위해 열린 1815년 비엔나 회의에서 국제관계 의전에 관한 원칙이 처음 논의되었다. 비엔나 회의 이후 외교관계에 관한 비엔나 협정이 채택되어 오늘날과 같은 의전 관행이 통용되게 시작했다.

회사에서는 통상 최고의사결정권을 가진 전직, 현직 임원 및 사외이사 등의 행사, 대내외적으로는 공식적인 높은 규범을 필요로 하는 행사에도 의전이 적용된다. 다시 말해 회사 입장에서는 대내외적 업무지원 활동 중 임원 및 사외이사 등 VIP에게 행해지는 공식예절이라고 할 수 있다.

의전의 기본 정신 5R	
Respect 상대에 대한 존중	전 세계 190여 개 국가의 다양한 문화, 다양한 생활방식을 인정하고 효과적으로 조율해야 좋은 결과를 얻을 수 있다.
Reflecting Culture 문화 반영	의전의 격식과 관행은 특정 시대, 특정지역 문화를 반영하기 때문에 시대적, 공간적 제약을 갖는다. 현재의 의전 형식은 영구한 것이 아니라 시대에 따라 변한다.
Reciprocity 상호주의	국력에 상관없이 1:1의 동등한 대우를 기본으로 한다. 의전에 소홀함이 있다면 외교의 경로를 통해 불만을 표시하거나 그에 상응하는 조치를 검토하기도 한다.
Rank 서열	의전 행사에 있어 가장 기본이 되는 예법으로 참석자 간의 서열을 지키는 정신이다.
Right 오른쪽 우선	Lady On the Right 원칙이라고도 한다.

업무 능력 향상을 위한 비즈니스 매너

①˚ 근무 매너

일을 시작하고 끝내는 출퇴근 시 매너와 근무시간의 태도도 업무능력에 포함된다. 학생시절에 지니고 있던 습관이나 나쁜 태도는 고치고 회사생활에 적합한 규칙들을 습득해야 한다.

출근 시간이 몇 시든 상관없이 항상 깨끗하고 단정한 복장을 유지해야 한다. 출근 전에는 교통체증을 감안하여 여유 시간을 가지고 집에서 출발하여

지각으로 인한 피해를 줄인다. 예기치 않은 상황으로 지각을 하게 될 경우에는 회사에 미리 연락을 히여 업무에 지장이 없게 해야 한다. 작업복이나 유니폼이 있는 경우에는 미리 바꿔 입고 출근 시간에는 바로 일을 시작할 수 있게 한다. "안녕하십니까?", "좋은 아침입니다." 라는 인사로 모든 직원들과 인사를 나눈다.

근무 시간 중에 업무 이외의 인터넷 사용, 채팅, 독서, 사적인 통화는 자제해야 하며 휴대전화는 진동모드로 설정한다. 자기 책상을 벗어날 때는 슬리퍼 착용을 자제해야 한다. 화장실이나 휴게실에서는 긴 대화나 다른 사람의 험담을 하지 않는다. 대화 시, 큰 소리로 말하거나 깔깔거리며 웃는 것은 업무에 방해가 된다. 복도 또한 사무실이라는 생각을 갖고서 말을 할 때는 조심해야 한다. 외출할 때는 반드시 행선지를 상사나 동료에게 알려야 하며, 되도록 사적인 외출을 하지 않는다.

먼저 퇴근할 때는 업무가 남은 동료에게 잡담을 하지 않는다. 퇴근 시간 전에 화장을 고치거나 사적인 통화를 하는 행위를 삼간다. 상사가 퇴근하고 나서 퇴근하는 것이 좋으나 먼저 퇴근해야 할 경우에는 확실하게 퇴근인사를 한다. 다음 날의 스케줄을 확인하고 책상을 깨끗이 정리하고 컴퓨터 전원을 끈다. 외근 나갔다가 바로 퇴근을 해야 하는 경우, 퇴근 시간 전에 전화로 상사에게 허락을 받아야 한다.

② 인사 매너

인사는 대인관계에 있어서 만남의 시작이며 상대의 인격을 존중하는 경의 표시이다. 인사(人事)는 말 그대로 '사람이 해야 하는 일'인데, 즐거운 사회생활과 대인관계를 유지하기 위해서는 정중한 자세로 상대방을 배려하려는 마음 자세를 지녀야 한다.

인사의 순서는 상하관계에 상관없이 먼저 본 사람이 인사를 하는 것이 자연스럽다. 인사를 못 하고 지나가는 가장 큰 이유가 '타이밍을 놓쳐서'라고 하는데, '상대가 나를 모르면 어떻게 하지?', '나를 못 봤겠지?'라는 생각으로 망설이기보다는 먼저 인사를 해보자.

인사의 중요한 포인트는 눈을 맞추는 것이다. 고개를 숙여 인사하지 못하는 상황일 때는 눈을 마주치기만 해도 인사가 된다. 여기에 밝은 표정과 바른 자세로 반가

움을 자연스럽게 전달할 수 있어야 한다.

인사는 목례, 보통 인사, 정중한 인사로 나누어진다. 목례(15도)는 눈인사에 해당하는 가장 간단한 인사로, 장소가 협소한 엘리베이터나 계단에서 자주 마주칠 때 한다. 예를 갖춰야 할 장소나 모임에서는 보통 인사(30도)를 하는데, 처음 만나는 사람·선배·상사를 만났을 때 한다. 상대에 대한 최고의 예의와 마음의 표현인 정중한 인사는 공식석상에서 자신을 소개하거나 깊은 사과를 표현해야 할 때 한다.

인사는 습관화되어야 한다. 아침에 출근해서 하는 밝고 명랑한 인사는 직장의 활력소가 된다. 먼저 퇴근할 때에도 남아있는 동료들에게 인사를 하고 가는 정도의 예의를 지켜야 한다. 출퇴근 인사를 할 때에는 가벼운 목례보다는 인사말을 곁들여 하는 것이 좋다. 아무런 언어표현 없이 고개만 꾸벅이기보다는 밝고 명랑한 미소를 지으며 간단한 인사말을 곁들일 때 상대방에게 더욱 좋은 이미지를 전달할 수 있을 것이다. 퇴근할 때 "수고 하세요."라는 인사는 상사가 부하 직원에게만 사용하는 것이기 때문에 주의하도록 한다. 다른 사람보다 먼저 갈 때는 "먼저 가겠습니다."라고 하면 된다. 엘리베이터나 인사하기 어려운 장소에서는 가벼운 목례로 다른 사람들에게 불편을 주지 않을 정도의 크기로 인사한다. 상사가 먼저 엘리베이터에 타고 있는 경우 목례를 하고 탄다. 복도에서 상사나 손님을 만났을 때는 한쪽 옆으로 비키며 가볍게 목례한다. 이때 걸음을 멈출 필요는 없다.

계단에서 누군가를 만났을 때는 위에서 내려다보며 인사하는 것은 좋지 않으므로 같은 높이가 되었을 때 인사를 한다.

③ 악수 매너

악수는 세계적으로 널리 사용되고 있지만, 우리나라에서는 아직도 어색한 인사법이라 할 수 있다. 일단 악수의 기원부터 알아보자. 악수는 중세 시대에 서로 손에 무기가 없음을 확인하기 위해서 했다는 추정과, 로마에서 신뢰의 상징인 손을 서로 맞잡으며 신뢰한다는 표현을 하면서부터였다는 추정이 있다.

악수는 상대와 눈맞춤을 하고 허리를 굽히지 않고 손을 마주 잡는 행위이다. 꼭 오른손과 오른손으로 악수를 해야 한다. 허리를 굽혀 인사를 하는 것에 익숙한 우리

나라 사람들은 악수를 할 때도 그런 자세를 취하는데, 이것은 자신감 결여로 느껴질 수도 있다. 특히 외국인과 악수를 할 때는 허리를 곧게 세우고 오른손으로 악수하도록 하자.

악수는 무엇보다 청하는 순서가 중요한데 여성이 남성에게, 윗사람이 아랫사람에게, 선배가 후배에게, 기혼자가 미혼자에게, 상급자가 하급자에게 청한다. 행사용 장갑을 착용하고 있을 때를 제외하고는 반드시 장갑을 벗고 악수해야 하나, 여성은 장갑을 껴도 무방하다.

손을 잡을 때 적당한 힘으로 2~3번 정도 손을 흔든다. 흔들 때도 상급자가 먼저 흔들어야 하고 하급자가 먼저 흔드는 것은 실례가 된다.

④ 명함 매너

명함은 프랑스 루이 14세 때, 한 귀부인이 자신의 이름을 트럼프 카드에 써서 왕에게 올리면서 사용되었다고 전해져오며 루이 15세 때 현재와 같은 인쇄명함을 사용했다고 한다. 중국에서는 옛날부터 지인의 집을 방문했을 때, 상대가 부재중이면 이름을 적어놓고 오는 것에서 유래가 되었다고 한다.

우리나라에서의 명함은 회사명, 이름, 주소, 전화번호를 적어놓은 것이 대부분이지만 서양에서는 사교용 명함과 업무용 명함을 구분해서 사용한다. 사교용 명함에는 이름, 전화번호 등의 간단한 정보만 필기체로 기입되어 있어, 직책을 떠나 많은 사람들과 교제할 수 있게끔 제작되었다. 반면 업무용 명함은 직장과 직위까지 포함되어 있어 사업상 비즈니스에서 많이 사용된다.

▶ 사진 ①, ②처럼 한 손으로 주고받기보다는 상대의 얼굴과도 같은 명함은 사진 ③처럼 두 손으로 주고받도록 하자.

명함을 줄 때는 일어나서 오른손으로 주며 자기 소속을 분명하게 밝힌다. 회사의 로고와 이름을 가리지 않고 상대방이 바로 볼 수 있는 방향으로 건넨다. 받을 때도 일어서서 두 손으로 받아 명함 속의 내용과 직위를 확인한다. 바로 명함을 집어넣기보다는 이야기를 나누다가 상대가 자리를 이동하거나 화제가 바뀌면 명함 케이스에 넣는다. 동시에 명함을 꺼냈을 경우 자신의 명함은 명함 케이스 아래에 넣어두고 상대의 명함을 받고 나서 건넨다. 모르는 한자일 경우 물어 보아도 좋다.

명함을 주고받을 때 교환자체가 목적이 되어서는 안 된다. 집에 돌아와 명함을 정리하면서 인상착의나 만난 날짜 등을 기입하는 것은 괜찮으나 상대방 바로 앞에서 적는 것은 피해야 한다. 접혀 있거나 낡은 명함은 비즈니스를 못하는 사람으로 보일 수 있다. 명함은 자신의 얼굴과도 같다. 명함 케이스를 준비하여 항상 깨끗한 명함을 건넬 수 있도록 준비하자.

⑤ 대화 매너

직장에서는 상대를 부를 때 직함을 사용하는 것이 좋다. 평소에 말을 놓는 친한 관계라 할지라도 업무를 할 때는 서로 높여야 한다. 회사는 사회이기 때문에 서로 존중하는 태도가 필요하다. 실제 회사에서도 이런 경우가 빈번하다.

> 사장님 "김 비서가 서류 주지 않았나?"
> 사원 "네, 언니가 서류 이야기는 했는데, 어디 있는지는 모르겠는데요. 언니 한테 전화해볼게요."

어떤 느낌이 드나? 꼭 회사는 사장님, 김 비서, 사원까지 총 3명이라는 느낌이 들지는 않나? 평소에 친한 관계라 할지라도 회사 내에서 호칭은 대등한 위치에 있는 경우는 이름 뒤에 "씨" 자나 직급을 붙여 불러야 한다. 상급자를 부를 때는 직급을 붙여 호칭하되, 별도 요청이 있으면 그에 따라 호칭을 불러야 한다.

대화를 할 때 상대에 맞는 호칭과 경어 사용은 대화를 지속하게 하고 서로를 더욱 친밀하고 신뢰할 수 있게 한다. 자기에 대한 호칭은 ① 웃어른이나 여러 사람 앞에서는 '저', '제'를, ② 동갑이나 아랫사람에게는 '나', ③ 자기 쪽을 남에게 말할 때는 '우리', '저희'를 쓰지만, 나라의 호칭은 꼭 '우리나라'라고 써야 한다. 기본적으로 지켜야 할 경어를 아래에 몇 가지만 정리해보았다.

말　말씀
나이　연세
같이 온 사람　동행 하신 분, 함께 오신 분
무슨 용건인데요?　무엇을 도와드릴까요?
이쪽에서 갈게요　저희 쪽에서 찾아뵙도록 하겠습니다.

6° 전화응대 시 기본예절

　회사에서 전화통화할 때는 상대방의 얼굴을 직접 보지 못하고 하는 경우가 대부분이다. 전화통화는 항상 쉽게 할 수 있다고 생각하겠지만 막상 업무와 관련된 응대를 해야 할 때는 쉽지 않다는 것을 느끼게 될 것이다. 목소리와 태도로 감정이 전달되기 때문에 나의 모습이 그대로 보여진다고 생각하고 응대를 해야 한다. 개인의 이미지를 넘어 회사의 이미지를 대표한다는 생각으로, 전화응대 시에도 매너를 지켜보자. 전화응대에서는 '친절, 신속, 정확'을 항상 염두에 두어야 한다.

　친절하게 대해야 한다. 실제 만날 때와 마찬가지로 미소를 짓고 예의바르게 응대한다. "여보세요."보다는 "인사, 회사, 소속부서, 이름"을 말한다. 예를 들면 "안녕하십니까? 교양대학교 총무과 ○○○입니다."라고 상냥하게 전화를 받으면 된다.

　마지못해 대답하는 투나 무표정한 음성은 상대에게 불쾌감을 줄 수 있다. 상대의 말에 호응하고 공감하며 응대를 하고, 용건이 끝났을 경우 통화 내용을 요약해서 복창한다. 끝인사를 하고 끊을 때 상대방이 전화를 먼저 끊은 후 내려놓는다.

　신속하게 받는 것이 좋다. 한 번도 채 울리기 전에 받으면 상대방이 당황할 수 있기 때문에 전화벨이 두 번 울린 뒤에 받아야 한다. 또한 상대방이 전화를 할 때는 무료가 아니다. 시간을 아껴야 한다는 생각으로 신속하게 업무를 처리해야 한다.

　정확한 발음과 표현으로 의사전달을 한다. 업무를 오래 하다보면 전문용어가 더 익숙해지는데, 상대방은 모를 수 있다는 생각으로 되도록 쉬운 표현을 사용한다. "요조"체보다는 "다까"체로 말하면 업무의 효율을 높이고 정중함을 더 할 수 있다.

(1) 전화를 걸 때

전화를 걸기 전 육하원칙으로 용건을 정리해서 메모를 해둔다. 상대방의 T.P.O.(Time, Place, Occasion)를 생각하고 전화를 건다. 상대방이 전화를 받으면 밝은 인사와 함께 자신을 밝히고 상대방을 확인한다. 용건이 다 정리가 되면 인사를 하고 조용히 끊는다. 되도록 상대방보다 먼저 끊지 않으며 고객이나 윗사람일 경우는 상대방이 끊고 난 뒤에 끊는다.

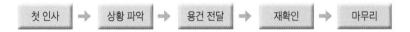

첫 인사 ➡ 상황 파악 ➡ 용건 전달 ➡ 재확인 ➡ 마무리

(2) 전화를 받을 때

전화벨이 세 번 이상 울리기 전에 받아야 하며, 일을 하다 늦게 받은 경우에는 꼭 "늦게 받아 죄송합니다."라고 해야 한다. 밝은 음성으로 인사, 회사, 소속부서, 이름을 말한다. 상대방을 확인하고 메모를 준비하여 용건을 묻는다. 용건이 끝나면 다시 정리하여 확인해야 하는데, 숫자나 날짜는 정확하게

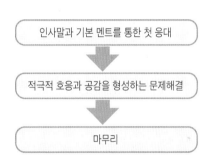

인사말과 기본 멘트를 통한 첫 응대

⬇

적극적 호응과 공감을 형성하는 문제해결

⬇

마무리

체크해야 한다. 끝인사를 하고 상대방이 전화를 끊은 것을 확인하고 수화기를 내려 놓는다.

(3) 부재 시 전화예절

회사전화가 내 전화?

휴대전화 요금을 아끼고 자리에서 편하게 받을 수 있다는 장점으로 회사전화로 사적인 통화를 하는 직장인들이 있다. 상사가 볼 때, 업무에 집중하지 않는다고 여길 수 있다. 사적인 전화는 점심시간이나 휴식시간에 사무실 밖으로 나가 휴대전화로 하는 것이 보기에 좋다. 열심히 일하는 태도와 모습 역시 회사에서 원하는 능력이다.

찾는 사람이 자리에 없을 경우 "죄송하지만, 누구시라고 전해드릴까요?"라고 묻는다. 전화를 받은 일시, 찾는 사람의 이름, 상대의 이름 및 회사, 용건, 회신의 필요성 여부, 전화를 받은 사람의 이름은 꼭 메모한다. 상대가 연락받기를 원하는 경우, 알고 있다고 하더라도 전화번호를 다시 확인해야 연락할 때 시간을 절약할 수 있다.

이렇게 메모를 하는 것도 중요하지만 메모를 전달하는 것도 중요하다. 전화메모는 책상 위에 올려놓아야 하며, 전화메모를 보았는지의 여부도 확인해야 한다.

⑦ 휴대전화 기본예절

휴대전화 보급률이 높아지면서 매너 없는 행동도 흔하게 볼 수 있다. 회의실, 도서관, 지하철에서 시끄럽게 휴대전화가 울리고 큰 목소리로 수다를 늘어놓는 모습을 본 적이 있을 것이다. 현대 기술의 장점은 최대한으로 활용하되 일상생활에서 타인에게 피해를 주어서는 안 될 것이다.

휴대전화도 시간과 상황을 고려해서 걸어야 한다. 갑자기 궁금한 게 생각이 났다고 해도, 친밀한 관계가 아니라면 이른 아침이나 밤 10시가 넘으면 개인적인 시간이므로 자제한다. 상대방이 어떠한 상태인지 모르기 때문에 통화가능 여부를 물어야 한다. 사람들이 많은 장소나 엘리베이터 안에서는 통화를 자제한다. 다른 사람의 험담, 회사 분위기 등의 문제를 이야기하다가 다른 사람에게 피해를 주거나 오해를 살 수 있기 때문이다.

보통 대화할 때보다 휴대전화로 통화할 때 목소리가 더 커진다. 전화통화에 집중하다 보면 목소리는 점점 커지는데, 가급적이면 주위의 분위기를 파악하여 짧게 마무리하고 혼자 있을 때 통화하도록 하자.

8 이메일 매너

이메일은 전화나 팩스보다 더 간편하게 업무를 처리할 수 있다는 장점이 있지만, 의도하지 않게 상대방에게 실수하게 되는 일이 많다. 인사말이나 안부도 없이 무작정 본론만 전해서 상대방의 기분을 상하게 하거나, 보내는 사람과 받는 사람의 이름이 나와 있지 않아 혼란을 줄 수도 있다. 얼굴을 직접 보고 이야기하는 것과 마찬가지로 예의를 지켜야 한다. 직접 대면보다는 전화통화에서, 그보다 이메일에서 오해가 더 잘 일어난다는 것을 알아야 한다. 특히 '손 안의 PC'로 불리는 스마트폰이 급속도로 확산되면서 장소에 구애받지 않고 이메일을 주고받을 수 있는 만큼 매너까지 함께 첨부하자.

먼저 이메일을 직접 받는 사람과 참조 용도로 받는 사람 등에 따라 수신자 지정을 명확히 해야 한다. 또한 이메일 작성 목적과 업무의 우선순위 등을 한 눈에 파악하기 위해 [결재요청], [회의안] 등의 머리글을 사용한다. 내용은 결론부터 먼저 언급하고, 중요한 부분은 강조를 한다. 또 발신자의 연락처를 남겨서 시간을 절약하게 한다.

전화통화로 쉽게 결론이 날 업무는 이메일보다 전화를 이용해 해결한다. 메일을 작성한 후 다시 한 번 읽어보고 틀린 부분은 없는지 확인한다. 메일을 보낸 사람은 빨리 확답을 받고 싶어 하기 때문에 하루에 2~3번은 이메일함을 읽는다.

회사 밖 상황별 매너

① 자리 매너

(1) 자동차에 동승할 때 에티켓

- 차 뒷문을 열고 상사를 먼저 승차시킨다.
- 상사가 여럿일 때는 상급자부터 승차시킨다.
- 운전기사가 있는 승용차의 좌석순서는 진행방향으로 뒷좌석의 오른쪽이 1석, 왼쪽이 2석, 운전석 옆이 3석이다.
- 자가운전자의 승용차인 경우에는 자진해서 운전석 옆자리에 앉는 것이 통례이며 그곳이 상석이 된다. 진행방향으로 뒷좌석의 오른편이 2석, 왼쪽이 3석이다. 자가운전의 차를 탈 때 앞좌석을 비워두는 것은 실례이다. 운전자의 부인이 함께 있을 경우, 자신이 미리 타고 있었더라도 최상석을 양보해야 한다.

운전자가 있을 경우   자가 운전일 경우

(2) 엘리베이터를 탈 때의 상석

고객이나 상사와 함께 엘리베이터를 타고 내릴 때, 자신이 버튼을 눌러야 한다. 탈 때는 밖에서 '열림'버튼을 누르고 상사가 먼저 타게 하고, 내릴 때는 상사가 먼저 내리도록 하고 다 내릴 때까지 '열림' 버튼을 누르고 있어야 한다. 엘리베이터 안에서는 출입구, 버튼과 멀리 있어야 상석이다.

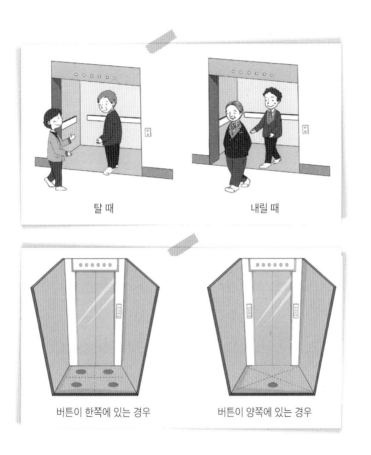

탈 때   내릴 때

버튼이 한쪽에 있는 경우   버튼이 양쪽에 있는 경우

(3) 문에서의 안내

고객이나 상사가 문고리를 잡지 않게 하는 것이 원칙이다. 당기는 문은 먼저 문을 열고 상사가 들어가도록 한다. "들어가세요."라는 말을 하는 것도 좋다. 밀어서 여는 문은 먼저 문을 열고 들어가서 안내하도록 한다.

(4) 기차, 비행기에서의 상석

기차에서는 시야가 확보되는 창가와, 진행방향으로 상석이 결정된다. 마주보는 좌석일 경우, 창가 진행방향이 1석, 창가 역방향이 2석, 진행 진행방향이 3석, 역방향 통로석이 4석이 된다. 하지만 국내에서는 역방향을 기피하는 분위기이기 때문에 2석과 3석은 변경가능하다. 비행기에서도 창가가 1석, 통로석이 2석이 된다. 좌석이 3개일 경우, 창가가 1석, 동로석이 2석, 중간 위치가 3석이 된다.

비행기의 경우

당기는 문

기차에서의 경우

여는 문

② 회식 매너

회식에서 술자리는 팀워크와 즐거운 분위기를 위해서 필요하다. 하지만 회식자리에서 불쾌한 일은 술로 인한 문제가 대부분이기 때문에 신경 써야 할 부분이 많다. 술자리에서도 서로의 주량에 맞게 술을 주고받고 주량이 넘으면 정중하게 거절하는 센스를 발휘해야 하지, 그렇지 않으면 회식자리뿐만 아니라 회사분위기까지 망치게 된다.

코로나19 이후 메인 메뉴는 물론이고 반찬도 다른 사람의 젓가락이 닿지 않도록 따로 담아 먹을 수 있게 앞접시를 이용한다. 여러 명이 한 찌개 냄비에 숟가락을 넣어 떠먹는 분위기는 이제 상상할 수 없다. 1인 상을 차리듯 접시와 집게, 국자를 사용하는 것이 새로운 표준이 되었다.

우리나라에서는 여러 사람이 함께 술을 마실 때, 윗사람부터 순서대로 따르도록 하고 두 손으로 따르는 것이 주도에 맞는 행동이다. 윗사람과 술을 마실 때, 왼손으로 술병을 쥐면 버릇없다는 인상을 줄 수 있으니 오른손으로 술병을 쥐고 왼손으로 받쳐 드는 것이 올바르다. 윗사람에게 술을 받을 때도 두 손으로 받고, 마실 때는 고개를 반대 방향으로 살짝 돌려 마신다. 술을 전혀 하지 못할 경우에도 술잔을 아예 받지 않는 것보다 받은 술잔은 입만 살짝 대고 꼭 마시지 않는 것이 낫다.

③ 결혼식 매너

예식시간에 맞추어가는 것보다 30분 정도 일찍 도착해야 한다. 신랑신부의 부모님과 인사를 하고 신부대기실을 들러 신부에게 축하의 말을 전한다. 결혼식을 마치고 기념사진 촬영은 보통 10장 정도를 찍게 되는데 친구들과의 촬영은 마지막에서 2번째 정도이다. 이 사이에 식사를 하러 간다거나 집에 가지 말고 촬영에 임해야 한다. 신랑신부가 사회생활을 얼마나 잘 했느냐가 이 사진에 고스란히 담기기 때문이다.

복장은 문상용 색상인 검정색 의상보다는 화사한 색을 입고, 신부의 드레스와 같은 흰색 의상은 신부를 위해 입지 않도록 한다. 축의금은 미리 준비해서 가져가면 좋은데, 봉투 앞면에는 '축 결혼' 등을 쓰고 뒷면에는 이름과 소속을 쓰면 된다. 결혼식에 내는 돈을 '축의금', '부조금'이라고 하는데, '부조금'의 '부조'는 잔칫집이나 상가에 도움을 주기 위해 보내는 돈이나 물품을 이르는 말이다. '부조'는 결혼식, 장례식장 모든 경우에 사용할 수 있는 표현이다. 흔히 사용하고 있는 '부주'는 부조의 잘못된 표현임을 기억하자.

④ 조문 매너

조문은 상가에 가서 죽은 이에게 예를 올리고 유족을 위로하는 것을 말하는데,

Tip

명칭 정리

부의금

부조금

조의금

조위금

슬픈 일을 당했을 때 찾아가서 위로하는 것은 대인관계에서 기본이다. 기쁜 일보다 슬픈 일이 있을 때 더 마음을 써주어야 한다. 조사는 경사와 다르게 갑작스러운 경우가 많기 때문에, 상을 당했다는 연락이 오면 가급적 빨리 방문하는 것이 도리이다. 직장생활을 잘 하기 위해서는 사무실에 검정색 넥타이와 검정 재킷을 항상 준비해두고 조문이 있을 때 바로 갈 수 있도록 하자.

고인과 유족의 종교에 따라 방법이 다르기는 하지만, 보통 분향을 하고 고인에게 명복을 빈다. 향에 불을 붙여 끈 후에 향로에 꽂는데, 불꽃은 입으로 불지 않고 왼손으로 흔들어서 끄도록 한다. 분향 후에는 고인의 명복을 빌기 위해 두 번 절을 하거나 헌화를 한다. 절을 할 때는 남자는 오른손을, 여자는 왼손을 위로 올려 손을 모아 절을 한다. 평소 인사할 때와 반대라는 것을 기억하자. 헌화를 하는 경우, 헌화할 꽃을 받아 영전 앞으로 가 두 손으로 영전에 천천히 놓은 다음 물러서서 묵념이나 기도를 한다. 그 후 상주에게 맞절 또는 답배를 한다. 조문이 끝나면 바로 뒤돌지 않고 두세 걸음 뒤로 물러난 뒤 몸을 돌려 나온다.

최대한 빨리 찾아가는 게 좋고 화려한 의상보다는 어두운 빛의 정장을 입어야 하며 검정색이 무난하다. 혹시 예를 갖추지 못한 차림이라면 "오늘 소식 듣고 급하게 오느라 옷을 갖춰 입지 못했습니다. 죄송합니다." 라고 유족들에게 말해야 한다.

고인이 장수했다고 해서 유족에게 "호상입니다."라는 말은 해서도 안 된다. 그 어떠한 죽음도 호상일 수는 없다. 조의금은 문상을 마치고 나와 부의함에 넣으면 되는데, 흰 봉투에 본인 소속과 이름을 정확히 적어서 내도록 한다. 예전에는 '단자'라고 해서 이름과 조의금을 적은 종이로 다시 한 번 돈을 감싸서 봉투에 넣는 것이 예의였지만, 최근에는 봉투 앞면에는 '부의', '조의', '근조' 등을 쓰고 뒷면에는 이름과 소속을 쓰는 추세이다.

5 문병매너

문병시간은 병원에서 정한 시간을 미리 알아보고 방문하고, 환자의 식사시간이나 회진시간은 피하도록 한다. 병문안 자체가 부담을 줄 수도 있기 때문에 직접 가기 전에 상태가 어느 정도인지 알아보고 가야 한다. 중병일 경우에는 가족들만 만나 쾌유를 빌어준다. 코로나19 확산 이후, 병원들은 보호자 1명을 제외한 방문객의 입원환자 면회를 일시적으로 전면 금지하기도 하였다. 병문안은 환자와 방문객 모두에게 감염 우려가 높고 의료진에게도 확산될 수 있어서 진료에 영향을 끼칠 수 있기 때문이다. 앞으로는 각종 감염병을 예방하기 위해 병문안을 지양하는 문화가 자연스럽게 정착될 것으로 보인다.

6 글로벌 매너

문화 구분
집단주의 vs 개인주의
고배경문화 vs 저배경문화

문화란 외부로부터 관찰가능하며, 같은 문화권에 있는 사람들끼리는 특수한 느낌이나 분위기가 있다. 문화가 존재한다는 것은 다른 문화를 접하게 되었을 때 알게 되며, 미묘하고 사소한 방식으로 사람의 행동에 영향을 미친다. 각 나라에는 고유한 문화가 있고 그 고유의 문화를 이해하고 존중하는 것이 필요하다.

미국	• 유럽의 가치를 기반으로 하고 있지만 조금 더 개방적, 자유주의적 • 여성존중 매너 • Eye Contact이 커뮤니케이션의 중요한 요소 • 팁 문화가 발달
중국	• 자부심이 강하고 개인보다는 집단의 조화를 중시 • 음식을 약간 남기는 것이 예의 • 차 문화가 발달한 나라로 상대방의 잔이 빌 경우 계속 따라주는 습관
일본	• '남에게 폐를 끼치지 않는다'가 최고의 덕목 • 시간을 잘 지키는 것을 최대의 미덕으로 여겨 약속 시각을 엄수 • 누구에게나 경어를 사용하는 것이 일반적 • 인사는 우리나라보다 더 많이 굽히고, 허리를 숙이는 정도는 상대방과 비슷하게

 미래의 내 명함을 만들어 봅시다.

결혼식장에서 축의금을 낼 때 봉투 앞뒤에는 어떻게 써야 할까?

봉투 앞

봉투 뒤

회장님과 사장님을 모시고 신입사원인 내가 일본 출장을 가게 되었다. 회사 사무실에서부터 회사 외부, 공항까지 이동, 비행기 탑승까지 신경 써야 하는 비즈니스 매너는 무엇이 있을까?

4 면접관과 대화할 때 자주 사용하는 비격식체 문장을 격식체로 바꾸어 보자.

비격식체	격식체
저요?	
진짜요?	
이거요?	
지금 내요?	
잠깐만요.	
알겠어요.	
누구에요?	
무슨 일인데요?	
저기요	
할 수 없어요.	
이렇게 해 주세요.	
그것은 없어요.	
안 되겠는데요.	

5 전화메모지에 메모를 해보자.

전화 메모지

TO.
From.
When.

☐ 전화요망
☐ 다시 전화 하겠음
☐ 전화 왔었다고 전해 주기 바람

_____

_____

_____

전화 받은 사람 :

Successfull
Employment &
Strengthening of
Ability

Chapter

11

의사소통능력 향상시키기

1. 커뮤니케이션과 인간관계

2. 커뮤니케이션 관련 기법

3. 효과적인 커뮤니케이션

커뮤니케이션과 인간관계

현대사회는 과거와 달리 업무가 보나 너 전문화 및 세분화되어가고 있는 추세다. 이에 조직에 속한 구성원들이 각 분과마다 효율적인 의사소통을 해야만 전체적인 조화를 이루면서 조직체가 유지될 수 있다. 따라서 효과적인 의사결정과 목표설정 및 능률적인 관리를 위해서는 커뮤니케이션이 무엇보다도 중요한 요소이다. 경영자는 집단의 목표 달성을 위하여 조화로운 행동을 유도해내는 게 주 과제라 하겠다. 곧 과거의 수직적이고 명령적이었던 인간관계가 현재에는 수평적이고 융합적인 인간관계로 바뀌고 있기에, 경영자는 부하에게 명령과 지시만을 할 것이 아니라 조직 내의 수평적인 인간관계를 형성하는 데 노력을 기울여야 한다.

최근에는 SNS의 발달 등 정보통신기술의 급속한 발달로 누구와도 실시간으로 소통할 수 있는 시대, 3A (Anyone, Anytime, Anywhere) 시대라고 이야기를 한다. 이러한 경제, 사회 전반의 커뮤니케이션 환경 변화로 인해 소통 빈도가 시·공간적으로 급격하게 확대되면서 소통의 중요성이 높아지고 있다.

커뮤니케이션의 개념

통상적으로 커뮤니케이션은 사회집단이나 인간 상호간에 의사를 교환하기 위해서 필요한 것으로 이해한다. 여기에는 의사소통, 정보교환, 감정이입의 의미가 포함되어 있으며, 인사관리 측면에서는 의사, 정보, 감정의 요소를 포괄하기도 한다. 곧 의사를 소통하고 정보를 교환하며 감정을 이입시키는 행위의 수단이 바로 커뮤니케이션이다.

커뮤니케이션은 둘 이상의 관계에서 정보교환과 감정이입 및 의사전달이라는 세 가지 요소를 효과적으로 수행하는 과정이라고 정의된다. 이 과정에서 송신자와 메시지, 그리고 수신자가 커뮤니케이션의 과정에 포함된다.

송신자는 메시지를 명확하고 유효하게 전달할 필요가 있다. 왜냐하면 메시지에는 송신자의 욕구와 태도, 가치관 등이 반영되기 때문이다. 수신자는 메시지가 의도하고 있는 바를 명확히 이해해야 한다.

② 커뮤니케이션의 과정

(1) 송신자

커뮤니케이션은 전달하고자 하는 메시지를 형성해가는 과정이다. 따라서 송신자는 자신의 목적을 명확하게 하기 위해서라도 메시지의 명료성에 주의를 기울여야 한다. 또한 송신자는 전달할 메시지를 결정한 다음에, 그 메시지의 내용을 전달이 가능하도록 기호화/암호화하여 수신자가 이해할 수 있도록 해야 한다. 메시지는 언어, 숫자, 기호 등등 다양한 형태로 구성이 되겠는데, 어찌 됐건 명확하고 간결하고 구체적이어야 수신자가 이해하기 쉽다.

(2) 메시지와 채널

메시지는 공식적 혹은 비공식적인 커뮤니케이션 경로를 통해서 전달된다. 주로 면담, 전화, 메모, 게시판 등을 통해서 전달되기도 하지만, 서면이나 행동, 제스처 등을 통해서도 전달된다. 메시지가 수신자에게 전달되기 이전에는 다음의 사항에 주의해야 한다. 첫째 송신자는 사건에 관한 생각을 주의 깊게 구성하고 자기 생각을 올바르게 나타낼 수 있는 언어, 어휘를 선택해야 한다. 그렇지 못하면 의사소통의 곡해가 일어나 결과적으로 원만한 대인관계가 유지되지 못한다. 둘째 송신자는 언어, 어휘, 표정 등으로 메시지를 암호화 하는데, 각종 과거의 경험과 태도, 그리고 준거기준이 여기에서 영향을 미친다. 송신자가 의도한 암호의 내용을 수신자가 얼마나 정확하게 해독할 수 있느냐의 정도는 송수신자가 과거에 가졌던 경험영역의 공통성이 얼마나 많으냐에 달려 있다.

(3) 수신자

수신자가 메시지를 받을 때는 그것의 뜻을 명확하게 파악해야 한다. 이때 수신자의 상태에 따라서 메시지가 다르게 이해되고 해석될 수 있기 때문에 송신자는 주의를 기울여야 한다. 간혹 의미가 없는 메시지를 수신자가 자의로 해석하는 경우도 발생할 수 있기 때문에 메시지는 명확해야 한다. 따라서 메시지를 전달할 때는 수신자의 상태를 명확히 파악해야 한다.

(4) 효과와 피드백

송신자가 의도한 내용이 무엇인지 파악이 안 되면 수신자는 피드백을 요구하게 된다. 피드백은 이해와 수용, 또는 추종을 하는 과정에서 전적으로 필요한 것이다.

따라서 송신자는 자신의 커뮤니케이션에 목적을 성취할 수 있는지, 또는 추가로 커뮤니케이션이 필요한지의 여부를 결정하여 명확하게 의사를 전달해야 한다. 피드백은 첫째 커뮤니케이션에 도움이 되어야 하고, 둘째 평가적이기보다는 기술적이어야 하고, 셋째 구체적이어야 하며, 넷째 적시적(timed)이어야 한다. 다섯째 압도적이어서는 안 된다.

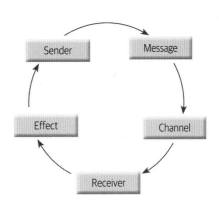

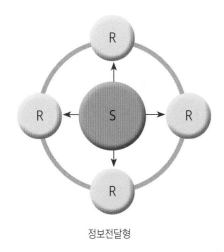

정보전달형

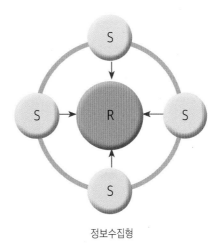

정보수집형

커뮤니케이션의 형태

(1) 구어적인 커뮤니케이션

언어를 통해서 커뮤니케이션하는 방법은 가장 오래된 것이다. 언어는 좋은 의미든 나쁜 의미든 간에 위대한 힘을 갖고 있다. 좋은 말은 상대방에게 희망과 용기를 주지만 나쁜 말은 상처를 주기도 한다.

(2) 문서적인 커뮤니케이션

문서적인 방법에는 인적인 것(서신, 메모, 보고서 등)과 비인적인 것(사보, 게시물, 포스터, 간행물 등)이 있다. 문서적인 방법은 때로 필수불가결한 것이기는 하지만, 종종 혼란과 곡해를 일으키는 경우가 있다.

(3) 비언어적인 커뮤니케이션

이는 언어를 사용하지 않고 커뮤니케이션 하는 것을 말한다. 그래서 이 방법을 '행동언어', '무언언어'라 부르기도 한다. 한 조사에 따르면 메시지는 오직 7%만이 언어적인 방법에 의해 전달되고, 55%는 얼굴표정과 육체 언어에 의해, 그리고 38%는 음성의 변화와 그의 강약에 의해 전달된다고 한다.

세 가지 유형의 커뮤니케이션 장점을 표로 정리하였다. 각각 커뮤니케이션의 단점을 생각해서 작성해보자.

수단	장점	단점
구어적	보다 빠름 즉각적인 피드백 개인적이고 자발적임	
문서적	공식적인 기록이 있음 보다 정확함 보다 신뢰적임	
비언어적	언어적인 것보다 정확함	

④ 커뮤니케이션의 시스템

커뮤니케이션의 다양한 수단은 조직 내에서 직무를 효율적으로 수행하는 방법으로 유용화될 수 있어야 한다. 특히 어떠한 방법이든지 간에 조직의 목표와 일치되어야 하며 그 방법은 성공적이어야 한다. 특정 방법을 선택하여 정보나 의사, 감정 등의 요소를 전달할 때에는 효과를 증대시키기 위해 부차적으로 다른 방법을 활용할 수 있기 때문에 선택된 방법의 활용은 항상 보완, 강화될 수 있어야 한다. 커뮤니케이션은 학자에 따라 분류형태가 다르지만 여기에서는 크게 공식적 커뮤니케이션과 비공식적 커뮤니케이션으로 나누어 설명하고자 한다.

공식적 커뮤니케이션은 권한의 체계를 수립하고 절차적 관계를 수립하는 과정에서 이루어지기 때문에 조직구성원 간에 항상 존재하는 형태이다. 여기에는 크게 수직적 커뮤니케이션, 수평적 커뮤니케이션, 측면적 커뮤니케이션이 있다.

수직적 커뮤니케이션은 하향식/상향식으로 나누어진다. 하향식 커뮤니케이션은 상급자에서 하급자로 하달되는 커뮤니케이션을 의미한다. 여기에는 과업의 구체적인 지도(직무지시서), 자신의 과업과 조직적 과업 간의 관계를 이해할 수 있도록 하는 정보(직무의 이론적 해설), 조직적 절차와 실무에 대한 정보, 개별 과업에 관한 종업원의 반복행위, 과실에 대해 이상적 방법으로 지도하는 정보의 형태가 포함된다. 이 다섯 가지는 조직구성원 간의 효율적인 직무성과, 직무만족, 팀워크 등을 목표로 하여 이루어지는 커뮤니케이션 방식이다.

상향식 커뮤니케이션은 상위계층에서 하위계층의 의견을 수렴한다는 것을 전제로 이루어진다. 따라서 종업원의 아이디어를 듣거나 조직의 발전을 기하는 정책이나 대안 및 해결책을 마련하고자 할 때 이루어진다.

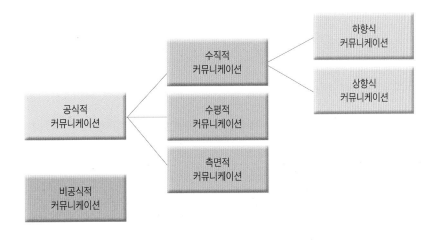

수평적 커뮤니케이션은 조직 내에서 수평적인 관계, 가령 동료 사이에 교환되는 행위를 의미한다. 이때 동료라서 충고들이 쉽게 오갈 수 있는데, 그 충고를 조직전체의 목표를 효과적으로 성취하기 위해서 말하는 것이라 이해해야 마음이 편하다.

측면적 커뮤니케이션은 집단과 부서의 능률을 증대시키기 위해서 고안된 커뮤니케이션이다. 수평적인 흐름에 따라서 커뮤니케이션이 형성되기 때문에 협조를 하는 데 있어 유용한 커뮤니케이션이라 하겠다.

비공식적 커뮤니케이션은 규정된 경로 외에서 발생하는 커뮤니케이션 유형이다. 이는 포도넝쿨형태와 같은 관계를 형성하면서 사람 사이의 상호작용에 의해 수행된다. 이 비공식적 커뮤니케이션은 개인적 관계를 유지하고 비공식집단을 유지하는 데 도움이 된다. 비공식적 커뮤니케이션은 공식적 커뮤니케이션 흐름에서 수집하지 못한 정보를 얻을 수도 있다. 따라서 비공식적 커뮤니케이션은 과업의 문제를 우회적으로 해결할 수도 있으며, 목표달성에 효과적인 촉매역할을 할 수도 있다.

커뮤니케이션 관련 기법

설득 커뮤니케이션

커뮤니케이션의 목적은 설득/정보 제공 및 공유/동기부여로 나눌 수 있다. 그중 설득은 상대편이 이쪽 편의 이야기를 따르도록 여러 가지로 깨우쳐 말하는 것을 의미하는데, 로버트 치알디니(2005)의 『설득의 심리학』 내용을 살펴보겠다.

(1) 선택적 인식 원리

사람들은 어떠한 사물이나 현상을 카메라렌즈처럼 있는 그대로 정확하게 인식하는 것이 아니라 개인의 가치관이나 신념, 욕구, 관심, 경험 등에 따라 선택적으로 인식한다. 인간은 자신이 좋아하는 내용에만 귀를 기울이고, 그 내용도 자기 위주로 해석하는 경향이 있다.

(2) 상호성의 원리

우리는 다른 사람이 우리에게 베푼 호의를 그대로 갚으려는 경향이 있다. 남의 호의, 선물, 초대 등이 결코 공짜가 아니라 분명 미래에 갚아야 할 빚이라는 사실을 이야기한다.

(3) 일관성의 원리

말과 말 사이의 일관성, 말과 행동 사이의 일관성, 태도나 신념 사이의 일관성이 유지되어야 마음이 편하다. 우리가 어떤 선택을 하거나 입장을 취하게 되면, 그러한 선택이나 입장에 일치되게끔 행동해야 한다는 심리적인 부담은 있게 마련이다.

(4) 대조 효과

우리는 같은 내용이라도 주변 환경이나 상대적 위치에 따라 그 가치를 다르게 인식한다. 취업면접을 예로 들어, 여러 명의 지원자가 들어간 면접장에서 옆에 어떤 지원자가 아주 인상이 좋거나 대답을 잘 했다면, 상대적으로 자신이 더 낮은 평가를 받을 수 있게 된다.

(5) 권위 효과

우리는 어려서부터 부모님의 권위와 선생님의 권위에 복종하도록 훈련받아 왔고, 그 권위에 복종하려는 경향이 있다.

(6) 사회적 증거 효과

사람들은 다수의 편에 서야 심리적 안정감을 느낀다. 해당 분야에 대한 정보가 없는 사람일수록 다른 사람이 하는 행동을 따르려는 경향이 있다.

(7) 희소 효과

'마지막 상품, 한정 상품'이라고 붙이면 그 가치를 높게 평가하는 경향이 있다. 이는 홈쇼핑에서 자주 사용하는 방법이다.

(8) 호감 효과

자신에게 호의적인 사람에게 더 호감을 느끼는 것인데, 칭찬해주거나 자주 봐서 익숙해지면 상대에게 더 쉽게 마음을 열게 된다.

(9) 반발 효과

남이 나의 자유나 권리를 제한하려고 하면 옳고 그름을 떠나 무작정 반발부터 하는 경우가 있다. 청소년기에 부모의 압력이 강하면 더 엇나가는 상황을 예로 들 수 있다.

② 효과적인 주장을 위한 AREA 법칙

주장의 핵심을 먼저 말하고, 그 이유를 설명하며, 이유와 주장에 관한 증거나 사례를 제시한다. 마지막으로 주장을 한 번 더 말하여 자신의 의견을 확고하게 할 수 있는 협상 방법이다.

Assertion 주장	주장의 핵심부분으로 결론을 말한다. ○○은 ○○이다."
Reasoning 이유	그 이유를 설명한다. "왜냐하면 ~하기 때문이다."
Evidence 증거	이유와 주장에 관한 증거나 실례를 제시한다. "예를 들어 ~이다." "그 증거로 ~을 말할 수 있다."
Assertion 주장	다시 한 번 주장함으로써 자신의 주장을 확고히 한다. "그러므로 ~이다." "따라서 ~해야 한다."

만들어보기!

Assertion 주장	
Reasoning 이유	
Evidence 증거	
Assertion 주장	

③ Positive Sum 도출 방법

Zero Sum Game과는 상이한 개념으로 행위자들 모두 이익을 볼 수 있는 상황과 관계를 말한다. Zero Sum Game은 다양한 관계를 맺고 경쟁을 하는 상대들은 필연적으로 일부는 이익을 보고, 일부는 손해를 보게 되는 것을 말하는데 Positive Sum Game은 상호협조를 통하면 행위자들 모두 의미 있는 결과를 창출할 수 있다고 설명한다. 반대로는 Negative Sum Game이 있다.

④ 커뮤니케이션과 관련한 이론

(1) 플라시보 효과(Placebo Effect)

약효가 전혀 없는 거짓 약을 진짜 약으로 가장해, 환자에게 복용하게 했을 때 환자의 병이 낫게 되는 효과를 말한다. '플라시보'란 말은 '마음에 들도록 하다'라는 뜻의 라틴어로, 가짜약을 의미한다.

(2) 노시보 효과(Nocebo Effect)

플라시보 효과의 반대로 진짜 약을 줘도 환자가 효과가 없다고 생각하면 약효가 나타나지 않는 현상을 말한다. 부정적인 심리적 믿음에 따른 부정적인 결과를 의미하는 효과이다.

(3) 피그말리온 효과(Pygmalion Effect)

누군가에 대한 사람들의 믿음이나 기대, 예측이 그 대상에게 그대로 실현되는 경향으로 로젠탈 효과라고도 한다. 그리스 신화에서 유래한 것으로, 긍정적으로 기대하면 상대방은 기대에 부응하는 행동을 하면서 기대에 충족되는 결과가 나오게 되는 현상을 말한다.

(4) 호손 효과(Hawthorne Effect)

호손 웍스 공장에서 행한 실험에서 유래하였다. 피실험자의 관찰자와 연구의 개입을 의식하게 되면 결과가 전혀 다르게 나오는 현상을 말한다. 누군가 관심을 가지고 지켜보면 행동과 능률에 변화가 일어나는 것으로 여럿이 함께 일하면 생산성이 올라가는 사회적 촉진 현상과도 관련이 있다.

(5) 링겔만 효과(Ringelmann Effect)

사회심리학자 링겔만이 제안한 개념인 사회적 태만으로 참여 인원이 늘어날수록 노력은 점점 줄어드는 현상이다. 집단 속에 참여하는 개인의 수가 늘어갈수록 성과에 대한 1인당 공헌도가 오히려 떨어지는 것을 말한다.

6 창의적 사고를 위한 스캠퍼(S-C-A-M-P-E-R) 기법

- S(substitute) 대체: A 대신 B로 바꿔보면 어떨까?
- C(combine) 결합: A 와 B를 섞으면 어떨까?
- A(adapt) 적용: 이것은 다른 것에 어떻게 응용할 수 있을까?
- M(modify-magnify-minify) 수정(확대/축소): A를 B로 변경하거나 확대/축소하면 어떨까?

· P(put to other use) 타용도: A라는 용도를 B라는 용도로 바꿔보면 어떨까?
· E(eliminate) 제거: 사물A를 구성하는 요인 중에서 무엇을 없앨까?
· R(rearrange-reverse) 재배열: AB를 BA로 거꾸로 바꿔 보면 어떨까?

03 효과적인 커뮤니케이션

① 적극적인 경청

　효과적인 대화능력은 자신의 의견을 전달하는 것 못지않게 상대방의 의견을 들어주는 것이다. 적극적인 경청이란 상대방이 전달하고자 하는 말의 내용과 그 이면에 깔려있는 동기나 정서에 귀를 기울여 듣고 이해된 바를 상대방에게 피드백 해주는 것을 말한다. 로빈스는 효과적이고 적극적인 경청의 방법으로 눈을 맞추라, 고개를 끄덕여 적절한 표정을 지으라, 주위를 산만하게 하는 행동이나 제스처를 피하라, 질문하라, '당신이 말하는 바는'과 같은 표현으로 부연하라, 말하는 사람들 사이에 끼어 방해하지 마라, 말을 많이 하지 마라, 말하는 사람과 듣는 사람의 역할전환을 자연스럽게 하라고 제안한다.
　한편 듀브린은 의미에 집중하라, 말하는 것에 몰입하라, 말하는 것을 모두 경청해라, 감정을 인정하라, 50대 50의 법칙으로 자신을 평가하라, 경청한 바를 요약하라고 제시한다. 데이비스는 말을 많이 하지 마라, 상대방을 편하게 해주라, 말하는 사람에게 당신이 듣기 원함을 보여주라, 산만한 정신을 가져서는 안 된다, 말하는 사람에게 감정이입을 하라, 주장과 비판을 차분히 하고 논쟁하지 마라, 질문을 하라고 제시한다.

② 상대에 대한 존경과 신뢰감 조성

　존경은 상대방의 인격과 존재가치를 인정하는 것인데, 이러한 인정은 상대로 하여금 심리적 만족감을 느끼게 한다. 그리고 상호 신뢰할 수 있는 분위기는 효과적인 커뮤니케이션의 기본이 된다. 경영지와 종업원 사이에 상호 신뢰감이 형성되면 커뮤니케이션 효율은 높아진다.

③ 장애물 제거

상대방에 대한 편견이나 선입견을 버리고 편향된 주관적인 판단을 배제해야 한다. 사람들은 자신만이 가지고 있는 가치관, 신념 등으로 메시지를 듣기 때문이다.

④ 피드백

대화 중 자신의 메시지가 정확하게 전달되고 있는지를 부분적으로 검토하면서 상호 공통된 관심과 이해의 폭을 넓혀야 한다. 피드백을 주고받으면 개방적인 인식 영역이 넓혀지고 새로운 통찰을 얻게 된다.

⑤ 강압 및 조작 회피

커뮤니케이션은 강압의 도구가 아니라 협조와 이해를 통해 조직을 활성화시키는 데 초점이 맞추어져야 한다. 커뮤니케이션은 권력싸움이 아니라 진실된 마음을 주고받는 수단이기 때문에 지위나 권력 및 권위의 사용이라는 유혹에서부터 벗어나야 한다.

⑥ 상대에 대한 수용자세

수용은 상대의 감정과 경험을 존중하고 배려하는 것을 의미하는데, 이에는 다른 사람과 함께 하려는 개방적이고 자발적인 태도가 요구된다. 조건없이 상대방을 수용하는 것은 커뮤니케이션을 원활하게 만든다. 따라서 상호존중의 태도는 커뮤니케이션을 하는 당사자들에게 상호 진실 되고 솔직한 수용태도를 갖고 접근하게 하는 중요한 요인이 된다.

⑦ 소문 활용

소문은 비공식적인 커뮤니케이션이지만 공식시스템보다도 더 빠르게 의사가 전달된다. 소문은 때때로 매우 효과적인 커뮤니케이션의 수단으로 사용된다. 소문은 직접적인 대면관계와 피드백이 이루어지므로 정보수용자에게 강한 영향을 미칠 수가 있다.

참고문헌

김보경(2012), 『성공적인 취업전략과 직장예절』, 지식과교양.

김연수(1986), 『CIP와 상표전략』, 화학상.

박일순(2016), 『진로설계와 인성함양』, 한올.

박양근(2004), 『경력개발과 취업전략』, 무역경영사.

박한표(2005), 『글로벌문화와 매너』, 한올출판사.

유기현(2002), 『인간관계론』, 무역경영사.

유홍준(2000), 『직업사회학』, 경문사.

윤대혁(2010), 『인간관계와 커뮤니케이션』, 탑북스.

윤치영(2002), 『당신도 화술의 달인이 될 수 있다』, 책이있는마을.

이시영(2004), 『성공적인 대화를 이끄는 고품격 스피치』, 태학사.

이주헌 외(2005), 『미래한국』, 한길사.

정윤 외(2011), 『2030 미래전략을 말한다』, 이학사.

조영대(2010), 『글로벌 에티켓과 매너』, 백산출판사.

진로설계와자기계발편찬위원회 편(2013), 『삶과 꿈 그리고 직업』, NOSVOS.

KBS아나운서실 한국어연구회(2003), 『21세기 아나운서 방송인 되기』, 한국
방송출판.

한국교육컨설팅(1999), 『DISC 관계 프로파일』, 이창준·김영희 역음, 한국교
육컨설팅연구소.

한국생산성본부(2015), 『SMAT 서비스경영자격』, 박문각.

Matthew McKay · Marta Davis · Patrick Fanning(1999), 임철일·최정임
옮김, 『효과적인 의사소통을 위한 기술』, 커뮤니케이션북스.

Peter Ferdinand Drucker(2012), 이재규 옮김, 『프로페셔널의 조건』, 청림
출판.

MEMO

저자 소개

김보경 ....

학력사항
- 서울시립대학교 국어국문학과 졸업
- 경희대학교 언론정보대학원 저널리즘학과 석사졸업
- 서울시립대학교 국어국문학과 박사과정 수료

강의경력 (2006~현재)
- 공주대학교 <취업전략과 취업스킬>, <커리어역량강화> 담당교수
  남서울대학교 <자기분석 및 진로설계> 담당교수
  상지대학교 <미디어글쓰기>, <라디오제작실습> 외래교수

- 前 연세대학교 미래캠퍼스 경영학부 겸임교수
  前 서울시립대학교 <직장생활과 경력개발> 딤딩교수
  前 경찰대학 <커뮤니케이션 기법> 외래교수

  아주대학교, 한양대학교, 강원대학교 등 취업 특강
  서울시교육연수원, 경기남부지방경찰청, 보훈교육원, 부산시인재개발원,
  부산시고용노동부 등 스피치 특강

방송경력 (1999~2006)
- 춘천MBC 방송전문MC
- UBC울산방송 방송전문MC, DJ
- KNN부산경남 대표방송(전 PSB) 성우, 리포터

교재 모델

이단비, 이상희, 이창석, 최진호

교재에 대한 문의는 김보경 speech-speech@hanmail.net으로 문의바랍니다.

성공적인 취업과 자기역량 강화

초판 1쇄 발행 2014년 8월 25일
2 판 1쇄 발행 2016년 1월 25일
3 판 1쇄 발행 2019년 2월 25일
4 판 1쇄 발행 2021년 2월 25일
5 판 1쇄 발행 2023년 1월 10일

저   자 김 보 경
펴 낸 이 임 순 재
펴 낸 곳 (주)한올출판사
등   록 제11-403호
주   소 서울시 마포구 모래내로 83(성산동, 한올빌딩 3층)
전   화 (02)376-4298(대표)
팩   스 (02)302-8073
홈 페 이 지 www.hanol.co.kr
e - 메 일 hanol@hanol.co.kr
I S B N 979-11-6647-299-2